U0568397

非暴力沟通

—为何家会伤人—

张亚凌（金牌导师）/著

采访+口述整理真实故事

文汇出版社

图书在版编目 (CIP) 数据

非暴力沟通：为何家会伤人 / 张亚凌著. — 上海：
文汇出版社, 2020.8
ISBN 978-7-5496-3246-6

Ⅰ. ①非… Ⅱ. ①张… Ⅲ. ①儿童教育 - 家庭教育 -
教育心理学 Ⅳ. ① G782

中国版本图书馆 CIP 数据核字 (2020) 第 115905 号

非暴力沟通：为何家会伤人

著　　者 / 张亚凌
责任编辑 / 戴　铮
装帧设计 / 天之赋工作室

出版发行 / 文汇出版社
　　　　　　上海市威海路 755 号
　　　　　　（邮政编码：200041）
经　　销 / 全国新华书店
印　　制 / 三河市龙林印务有限公司
版　　次 / 2020 年 8 月第 1 版
印　　次 / 2020 年 8 月第 1 次印刷
开　　本 / 880×1230　1/32
字　　数 / 126 千字
印　　张 / 7.5

书　　号 / ISBN 978-7-5496-3246-6
定　　价 / 38.00 元

与童年握手言和

生命是幅画，童年就是画的底色；

生命是条河，童年就是河的源头；

生命是棵树，童年就是树的根基。

人的一生，就是修缮或丰盈童年的过程，美好的童年多会造就幸福的一生，糟糕的童年则需要我们智慧面对从而摆脱。

那些在童年被父母的独断专行压抑了的孩子，那些在童年被兄弟姐妹一再误解的孩子，那些在童年被老师漠视或被同学孤立的孩子，那些在童年被陌生人不经意间深深伤害的孩子……他们的成长就是自我疗伤的过程，睿智者、坚强者会让伤害灿如花开，而庸常者、懦弱者会永远走不出童年的阴影。

有创伤的童年像沼泽地，不及时抽身而出就会被淹没；有创伤的童年像枯井，不奋力攀壁而上就会一直被黑暗所笼罩；有创伤的童年像横于眼前的大山，不翻越就不能奔向可期的未来。

听，他们在讲述，讲述自己怎样因为不甘，以坚韧以奋斗抹去了童年的忧伤，步入了花香满径。

听，他们在啜泣，啜泣自己怎样因为认命，终被童年的创伤所困所累，没有活出精彩的人生。

前者将童年的伤害神奇地酿成了蜜，后者让童年的伤害无限膨胀挡住了希望之光。我们有遗憾，因为童年是人生的最初，年幼时的我们无力对抗；我们更有信心，因为童年不是人生的全部，成长中的我们能够自己决定的更多。

翻开本书，为人父母者会看到自己的影子，惊悚，骇然，而后将不再伤害孩子；受伤的孩子也会读到与自己相近的伤害，触动，唏嘘，而后遇到自己的榜样。

目 录
Contents

/ 第一章 /　走出父母造成的伤害

这些人还没有学会做父母，或者说压根儿就没想学如何成为好的父母，眨眼就成了父母。成了父母，依然像顽劣的孩子般轻浮自私任性乃至狂妄暴躁极端，他们似乎从没想到，还有一双甚至更多的眼睛在看着他们。

/ 第二章 /　冲破兄妹带来的不良影响

我们来自于一个母体，流着相同的血液，涌动着兄弟姐妹之情。父母把相同的爱施予我们，成长的历程中，我们共同看过朝阳，望过明月，赏过清风，盼过花开。

/ 第三章 /　抚平玩伴留下的创伤

童年是一个美好的时期，是人生的起点，就像一群美丽的天使从天而降，开始选择自己喜欢的生活。你选择了温暖的家庭，却不一定能够选择一群同样可爱的玩伴。

/ 第四章 /　　漠视身边大人无意的轻慢

父母会理智地引导孩子，无私地疼爱孩子。可除父母之外，还有来自别的成人对孩子施加的影响。可能只是擦肩而过的陌生人，却发生了不愉快；可能只是略微熟悉的人，偶尔相处心生厌恶；可能还是亲戚朋友，产生误会伤害了孩子。

/ 第五章 /　　剥离学校老师成见的羞辱

学校的美好在于既有同龄伙伴可以嬉戏，消除了孤独，又有像父母般的老师引领着我们去触摸各种知识，避免了成长中的弯路。学校的遗憾在于，总有一些人将"教师"视为职业而非事业，掺杂了太多的功利，便少了爱心多了伤害。

/ 第六章 /　淡忘学校同伴无形的打击

"同学"，是个很美好的词儿，同学情会绵延一生。只是，刚进学校的你还只是个茧时，谁知道你会化作蝴蝶还是飞蛾？同学带给你的一定不全是快乐，还有更多无法言说的。

而你如何面对，则决定你的未来。

/ 第一章 /

走出父母造成的伤害

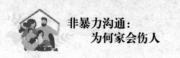
第1节　理解你、尊重你，却拒绝成为你

年幼时，如果你面对的家庭千疮百孔，不但无法给你遮风挡雨，还会随时给你带来狂风暴雨。你一日日浸染其中，是感到呼吸困难想急于摆脱，还是麻木到习以为常？

幼儿、少年乃至未成家的青年，与父母一起生活的家，就是他的原生家庭。美国著名家庭治疗大师萨提亚认为，一个人与他的原生家庭有着千丝万缕的联系，而这种联系有可能影响他的一生。

是的。而这种影响的走向，一样糟糕还是更糟糕，或者截然相反并自成美好，则取决于当事者本人的觉醒意识。

LN是我最接地气的良师益友。想起她，我常常会调整自己的言行及方向，努力靠拢她，力求成为她那样自带光芒、走到哪里都是一片美好的人。

我曾去过 LN 的家和办公室，她家里的阳台上、办公室的窗台上都是蓬蓬勃勃的绿植，或借助外物攀缘而上，或自然下垂随风摆动，很是养眼。细看，才发现是养在水里的红薯长出的枝蔓。

与她聊闲中得知，她的网名、微信名、QQ 名、简书名都是"红薯苗"。我调侃道："你就那么喜欢红薯，渴望成为一株红薯苗？"LN 笑道："一个个被我遇见并得到善待的红薯，也可以自成美景。"

我心里豁然开朗：哪里只是红薯，我们对一切事物的态度及方式就决定了最后的结果。

LN 说，她是从农村走出来的，过去不只是美好，现在还常常想起过去。想起过去就很羡慕农田里的红薯，看那枝蔓肆意生长，多幸福……

她静默或说话，我都喜欢看着她，脑子里会不时地冒出来"温暖""明媚"等美好的字眼儿。她又写得一手好文章，简约又不肤浅，美好又不哗众取宠——看她笔下的文字，你会觉得字随心走的人儿优雅而高贵。

跟 LN 在一起，我常心生嫉妒，老天，你何以如此眷顾一个女人：肤色是欢喜的亮泽，没有岁月留下的沧桑；性格是总让人想亲近的温润，不见生活的焦躁；她女儿名校毕业工作好，典型的报恩来的孩子；爱人是一所学校的

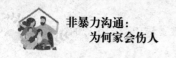

校长，敬业又顾家，让你会心生感慨'好老公都是别人家的'；LN 自己的工作也是风生水起，那个行业里所有的荣誉，从市级到省级乃至国家级都收获了……

她身边的种种迹象似乎表明，她是"小时公主，长大皇妃"的标配。

事实是：LN 的童年并不幸福，或者说有些痛苦。

母亲性格暴烈，LN 跟姐姐一句话不顺母亲的耳，那一刻母亲手里拿着什么或手边有什么都会直接摔过来。母亲不考虑这样会不会砸伤孩子，孩子能不能受得了，那个过程没有丝毫缓冲。

只是，LN 说她从来不哭不喊，怕邻人笑话，她跟姐姐常相互安慰。

LN 说，心惊胆战的事防不胜防，凡事都会小心努力去做。她们从来不会奢求母亲说出半句肯定或表扬的话，母亲不生气就是最好的结果……

LN 说时风轻云淡，好像说的是别人的往事。她说，有一次跟姐姐在姨妈家，看着姨妈给表妹轻轻柔柔地梳头，她俩满脸的羡慕，而后耳语："妈都没给咱俩梳过头。"

听到这里，我鼻子有些发酸，但迎上去的依旧是 LN 暖暖的笑。

LN 说，她父亲算是机关单位的小领导，他们家应该比别的家富裕一点儿，可他们从来没有幸福的感觉。跟母亲在一起，觉得压抑；独自待着时，又觉得憋屈。她说自己还在很小的时候，看着母亲就暗暗发誓：自己将来做了母亲，绝不能是那个样子，绝不会打骂孩子。如果是女孩子，一定要把她视作小公主般疼爱。

LN 说自己努力上学只为离开那个家，天道酬勤，她成功了。一离开母亲，她就竭力活成了自己喜欢的样子：凡事努力，平和优雅，温柔耐心。

LN 说她感谢老天，真的给了自己一个小公主，自己爱而不放纵，疼又严要求。她们不像母女更像闺密，她以至于感慨，一个女人一定是上辈子积德行善，这辈子才会生闺女，都爱不够、疼不够，哪里会委屈了孩子？

我曾问她："你是不是不能原谅母亲？"其实，我更想问的是："你是不是一直记恨她？"

LN 笑了，说："我母亲那样也是被生活所迫，父亲的工作又忙，母亲家里地里，忙里忙外，真的是家里的大功臣。虽然我没有享受过母爱，可我理解母亲、尊重母亲，也感谢母亲。只是，我拒绝成为那样的母亲。"

在 LN 身上，你看不出原生家庭的疤痕，或者，她以理性与智慧让疤痕绽放成了花。我甚至在想：如果 LN 没有成长在那个环境里，她会不会拥有今天的一切？

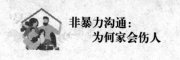
有人说，很多悲剧的根源不在当事者，因为每件事都不是孤立的，都有因果，当事者大多也曾是受害者。比如，童年受到伤害后的心理阴影面积过大，导致性格缺陷，人生失败；在恋爱中屡屡受挫，屡屡被辜负，受伤严重导致行为失控……

是啊，这样看上去一切过错都是可以原谅的。可 LN 拒绝复制母亲，最终成就了更好的自己。

G 是二十年前我住出租屋时的邻居，小我三岁，大学毕业后在政府部门工作。按道理，他前途无量，结果却是：事业与婚姻时时亮红灯，勉强得彼此难受。

他喊我"张姐"，跟我说起很多事，也是斤斤计较一腔怨气，似乎全天下都辜负了他。

他真的不好相处而造成现在这个样子吗？他的格局缺少男人的气派吗？直到有一天，他的妈妈来城里办事，顺便到了他的出租屋。

那是一个干瘦的妇女，一脸愁苦，似乎在生活的重压下已不堪负重。可隔着墙壁，我感觉到她像在打机关枪：数落邻居贪她的小便宜，其实只是大家常说的鸡毛蒜皮；她咒骂自家亲戚不给自己帮忙收割庄稼，有点儿不为别人着想的小自私；她说家里大儿媳的种种不是，但感觉是在鸡蛋里挑骨头……她时而高亢，时而低沉，唯一不变的是一直在絮絮叨叨。

我一度怀疑，她这么干瘦，是不是源于说话太多，营养都从嘴角流失了？

G 没有自己的看法，只是随声附和着，像个没有思想的小孩子，而他的附和似乎又激发着妈妈的倾诉欲。

那天下午，他送妈妈回来时，我正在楼道里生节煤炉。G 就开始对我说起他妈妈如何能干、如何辛苦，说妈妈从小就跟他说起别人如何欺负他们家，说他现在跟那些亲戚不走动，说他回去懒得搭理那些曾看不起他们家的左邻右舍……

我突然有种羞愧的感觉：在 G 那么掏心掏肺地跟我说往事和他妈妈时，我竟然有些看不起他——那是一个大男人应有的胸襟吗？

G 从小就在接受他妈妈的仇恨教育，妈妈播种，他收获，满心里都是怨气，怎么可能与别人、与生活和谐相处？事业与婚姻的不幸，莫不是童年阴影的扩散所致？

在 G 述说的往事里，有一件至今刻在我的记忆里：

G 说，大概是自己七岁时跟妈妈走在田里，妈妈说这是狗子家的地，狗子巴结有钱的，看不起咱没钱的。G 就

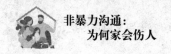

捡起一块砖头扔进狗子家的地里，妈妈摸着他的头笑了。

临了，G 说，现在大学生那么多，那狗子一家三辈还没供出一个大学生。他说时满脸的骄傲，但我分明看到了他的丑陋、他的狭隘。

G 是名校毕业，却因小时候吸纳了妈妈太多的负面情绪，心里结了太多的疙瘩，变得心胸狭窄，做事分外小气，难免处处红灯。

生在普通家庭，或遇上做事不大度的父母，也会成为我们成长中的一面镜子：如何做，才能不与之重合；如何做，才能让自己变得更好。

生在怎样的家庭，我们无法改变，更不应该抱怨，荷花尚且出淤泥而不染。作为孩子盲从大人可以原谅，已经成人了还没有自己的认知与思想，那就是一种悲哀了。

如果不能拔高于原生家庭，高学历的 G 与农妇的妈妈就没有丝毫区别，他们依旧坐在一条板凳上——妈妈在农村硌得自己难受，儿子在城里弄得自己不舒服。

我们大多数人无力改变原生家庭，只有真正走出原生家庭，才能组建出满意的新生家庭。

人生时时有选择，怎能让过去一直为自己背锅！

第2节　你的爱，我不能照单全收

　　孩子出生的那一刻，涌上男人心头的是"父亲"这个角色代表的力量，而荡漾在女人心头的是"母亲"这个称呼的天然温柔。从此，母爱给孩子温暖和安全感，父爱给孩子支持和力量。

　　从孩子呱呱坠地到牙牙学语，一个人在童年时期对父母的爱从来不会质疑，大多会全盘接受。几年之后，有的孩子成了安慰父母的"舒心丸"，有的孩子成了困扰爹妈的"熊孩子"——同样的幸福感受却造就了不同的孩子，这就产生了爱的困惑。

　　心理学家指出，给予孩子爱的时候，我们可以让爱像洪水一样冲向孩子，还可以让爱像涓涓细流一样慢慢滋润孩子，这就是溺爱和爱的区别。

　　再次见到我的学生亚光是在北京，他目前在一家知名

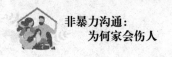

教育集团工作。

见到印象中那个眉头微蹙的"混世魔王"，现在变成了帅气、阳光又干练的大小伙子，我心里暖暖的，很是宽慰。他开口第一句是："老师，感谢您！我妈妈挺好的，她现在也开始自己的新生活了。"

我笑了，说："不必谢我，感谢一直努力的你自己吧！"他也笑了，那笑里有满意、有舒畅……

我给亚光带课时，他还是个刚上三年级的小毛头，我也是无意中得知了他的故事。一年前，在一场意外车祸中爸爸和哥哥同时遇难，妈妈无奈回到老家的小县城，一面做生意，一面给心情换换环境。

也因为这件事，没有了安全感的妈妈经常神经过敏，对孩子百般呵护、万分溺爱，真的是"含在嘴里怕化了，捧在手里怕摔了"。这不，上学课间，妈妈都要给他送一次削好的水果和剥了皮的鸡蛋；天刚飘了一点儿雨、起了一丝风，伞和衣服就送到了教室；值日打扫卫生，妈妈就直接代劳了。

九岁刚过的他，胖乎乎的小圆脸，水汪汪的大眼睛，再加上头发被剃成了蜜桃小犄角，一笑两个酒窝，大家都叫他"红孩儿"。

开学不到一个月，老师就感觉到了这个高颜值、高智商小家伙的厉害。他反应特别快，拿课堂内容来说，别的同学还没入门，他已经全会了，弄得数学老师都怀疑他妈妈提前教过他了。

然而，他却开始左右开弓，说其他孩子"你们都是笨蛋、蠢材"，周围的同学都没法听课了。平日里，他动不动就喊"看本大王来收拾你"，对同学又踢又打。因为他长得高，其他同学也奈何他不得。

一次，意外听到他因为生日蛋糕有点儿小，就对妈妈大发雷霆，把妈妈推倒撞到桌角，头上缝了好几针。舅舅批评他，可妈妈捂着伤口说："我不要紧，他还小。"

我这才了解到这个孩子在家里已经是说一不二了，也知道再不纠正他的这种错误行为就晚了。

于是，我在语文课上给孩子们讲了"红孩儿"的故事，然后请同学们来讨论红孩儿是个怎样的人。最后，还是他总结出我想要的结论：红孩儿是一个不折不扣的小魔头。

看着脸涨得通红的他，我不知道他是羞愧了，还是受到表扬激动的。

没想到这孩子居然听进心里去了。家长会上，他妈妈说孩子给她道歉了，说他可不想当红孩儿。得知了这个事实，我对他多了一份不一样的感情。

在别人的故事里成长的不仅仅是他吧！

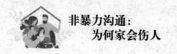

于是，我在给学生选择故事时，开始寻找那些如何辨识爱与溺爱，如何挑战自我、承担责任的作品。我知道，做老师的无法解决孩子必然会遇到的家庭问题，但可以给孩子一份温暖、一点儿希望。

小学后几年，我又指导他读书。一本本书，给这个孩子的童年打开了一扇扇窗，让他的聪明变成了融化妈妈心里坚冰的暖流。

后来听他妈妈讲，孩子不光会做家务了，还鼓励她要有自己的爱好，要有自己的新生活，就像他的张老师一样，多运动、多读书。

有一次，他来还书，当我夸他懂事时，他居然引用作家的话："一切都给孩子，牺牲一切，甚至牺牲自己的幸福，这是母亲给孩子的最可怕的礼物。"这一本正经的话语，让我对他刮目相看。

我很是欣慰。读书能读懂和体味，并用它来改变生活，这不就是改变命运的工具吗？

此时，在柔和的灯光下，他眼里闪着泪光，说："张老师，您知道吗？童年时妈妈的溺爱里，您、故事、书就是那海洋里的灯塔，我的每一步都是在光的引导之下，才在妈妈爱的海洋里学会了游泳。其实我挺幸运的。"

我心里漾起了柔波，也许这就是做老师的幸福吧。

那天的遇见，让我坚信，每个孩子都是未成型的素胚，其行为和思想可以塑造，也可以更正，重要的是如何塑造、谁来更正。这也更让我坚信，每一个孩子都像花儿一样需要灌溉，每一个孩子都像花儿一样会盛开。

原本，父母的爱是为了让孩子越来越好，可是在过分的宠爱中，这份爱最终将彻底变质，变为害了孩子的毒药。

周末收拾书柜，信手翻开影集，映入眼帘的是儿子的一张小学毕业合照。看着满脸稚气的儿子，我心里不由暖暖的，时间真快啊，转眼都大学毕业成大小伙子了。

我兴冲冲地拍了照片发到他微信上。他回了一个吐舌头的表情，却又加了一个"唉！"这为娘的心立马悬了起来，电话直接就打过去了。

"姜瞳被抓了。"电话那头，他语气有些沉重。

"啊，为什么？"我好意外。

"具体不清楚，同学说的好像是抢劫。"

手里的照片有点重了。看着儿子旁边那张可爱又灿烂的脸，我的思绪纷飞……

姜瞳跟儿子同岁。两人幼儿园、小学、初中一直同班，又住在同一个家属区，是亲亲的发小。

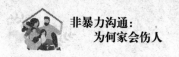
在家属区，姜瞳的父母算是"名人"，父亲是大夫，母亲是税务局局长，家长疼娃也是上档次的。

上幼儿园开始，他就经常抢别人的玩具，欺侮个子小的小朋友。

每当起争执，他母亲都会站出来充当他的保护神。总之，无论他做错了什么，都是别的小朋友不对。

"瞳儿，想要啥？""瞳儿，不怕！""没关系，瞳儿还小，有啥我处理。"他母亲总是说着类似的话，一副见过大风大浪的淡定和波澜不惊的语气。

姜瞳欢快的笑声中，总会伴随着别的小朋友艳羡的目光，或者是被欺负后无助的哭声。

上学以后，姜瞳脸上渐渐有了底气十足的霸气，欺侮班里的同学已经是家常便饭。在他的认知里，他做什么都是对的，错的总是别人。

每天一起接孩子放学回家的那一小段路上，身为局长的妈妈是个让人感动的妈妈——不是背着就是抱着，要不就是搂着儿子，满眼的怜爱，让我总惭愧自己不像亲妈。

一路上，总能听到姜瞳跟妈妈不停地抱怨。今天抱怨老师不公平，明明他和大家一样都举手了，老师却不叫他回答问题；而他不举手的时候偏偏提问他，老师专门跟他作对出他的洋相。明天抱怨同学们孤立他，不跟他玩儿。

　　每当此时，他母亲都会说："瞳儿，放心吧，改天我去找学校的领导谈谈，让他们换个你喜欢的老师。同学不友好，那是没见过世面，那是嫉妒。"

　　这些话听得我头皮发麻，忙拉着儿子借故走开了。

　　我看着那孩子脸上与日俱增的骄横，担忧也与日俱增，不断告诫儿子要敬而远之。好在儿子说可能是发小的原因，姜瞳对他算是客气。

　　初中时，一辆警车开进小区，原来是姜瞳家被盗，还损失不小。警察仔细查看门窗，发现都完好无损，家里也没有任何撬、砸的痕迹。经警察提醒，母亲这才打电话喊回了正在酒吧聚会的儿子。

　　见到一屋子警察，姜瞳不打自招。他爱面子，每次去网吧、聚会都抢着结账，先是拿家里的名烟、名酒去抵账，后来买游戏装备把名画也拿去变卖了。母亲听了呼天抢地号叫起来，跳着骂着，急火攻心晕了过去。

　　这个事件之后，他们就搬了家。

　　记得在省城时，我碰到过他们母子一次，我跟他母亲说着话。打扮入时的姜瞳没有表情，脸色阴郁，好像很不耐烦，让我如芒刺在背，匆匆而别。

　　谁知，才几年却又是这样的结果。

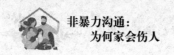
爱，本无错，可别让父母的爱成为最终害了孩子的利器。

对于父母，请让孩子在太阳下自由地呼吸，经历该有的伤和痛，不要让溺爱成了化妆后的伤害。

对于孩子，接受爱，识别爱，可别照单全收。自由的天空里需要接受爱的觉醒和智慧，一切在你。

爱的本质，不仅仅是你对我好这么简单，而是你愿意陪伴我，让我成为更好的自己。

第3节　不继承你的任性

居里夫人说："一家人能够互相密切合作，才是世界上唯一真正的幸福。"可这种幸福，在一个有着任性母亲的家庭里是很难体会到的。任性的母亲只考虑自己的感受，她只凭自己的喜好去做事，很少顾及孩子的感受。

年幼的孩子在任性母亲的耳濡目染下，如果不自知，就会失去亲密的小伙伴，失去幸福、快乐的源泉，就会在不知不觉中长成母亲的样子。

不想让自己长成母亲的样子，不继承她的任性，孩子要付出怎样的努力啊！其中的痛苦，估计这类母亲一辈子都猜不到，或许她们压根儿就想不到自己是根刺。

同学霞儿就有一个任性的母亲。

"我乐意"，这三个字是她母亲常挂在嘴边的一句话。母亲是随军家属，从乡村来到城市自觉身价陡增，谁都不看在眼里，即使对带她走出农村的军官丈夫都觉得是托了她的福。她虽勤劳，但任性，总觉得自己什么都好、都对，从不考虑他人的感受。

霞儿家住在一楼，母亲就把一楼绿化带变成了自家的菜园子，家里放不下的东西就直接放到楼道里，本来就窄的楼道变得更加拥挤了。同单元的邻居去找她，但谁去说都不好使。

最让人受不了的，就是每天从早到晚，整栋楼的人会不停地接收她制造的高音贝噪声，不是抱怨大人孩子不听话，就是叮叮当当地弄出各种声响。大家提醒她的声音小点儿，有老人要休息、有小孩要睡觉、有学生要读书，她一概不管："在自己家说话、干活，我影响谁了？"

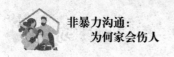

霞儿的母亲就这样我行我素，致使小区里的人都避之如瘟神，没人搭理她。

"有其母必有其女"，小区里的人都觉得霞儿一定跟她母亲一样，都叮嘱自己的孩子不要跟她玩，以免学坏。

霞儿的童年是孤独和寂寞的。每每在小区里看到小朋友们玩儿得非常开心，她也想过去玩儿时，小朋友们就一哄而散。她知道小朋友们为什么不跟自己玩儿，所以她只能让眼泪在眼眶里打转，再次落寞地坐回原地，静静地看着护城河边的垂柳发呆。

如果有一天，有哪个小朋友心血来潮同意带着霞儿一起玩儿时，她会兴奋、快乐好几天。

她记忆最深刻的是一个盛夏的午后，小朋友说玩捉迷藏，让她参加。小朋友告诉她："只有当大家找到你时才可以出来，要不下次不带你玩儿了。"

她高兴极了，选了一个杂草丛生难找的地方躲了起来。她忍受酷暑的炎热和蚊虫的叮咬，从日中等到日落，小朋友也没来。等她偷偷跑出来后才知道，母亲出来找她，小朋友在跑着找人时撞到她母亲的身上，她母亲训斥了小朋友一顿，小朋友就各自回家了，她也就被小朋友忘到脑后了。

从此，小区里的孩子彻底不跟她玩了。她更加孤独，那份痛苦只能自己独吞。

后来，霞儿上学了，母亲的"光辉"事迹如影随形地跟她进了校园，同学们都躲着她，可是她对大家一点儿也不记恨。她每天都第一个到校，把值日生没摆齐的桌子摆齐，把黑板擦得更干净些，然后安安静静地坐在桌位上学习。晚上放学时，她也是帮助值日生值日。

尤其在学习上，霞儿更勤奋更努力。慢慢地，她成了老师口中的好孩子。

时间长了，同学们发现霞儿是一个非常好相处的人，她事事会为他人着想，跟以前大家口中相传的说法大相径庭，也就接受了她。

霞儿不止一次跟我讲述她的故事，讲述母亲的任性不讲理，这些都让她痛苦，让她感受到人们异样的目光，可她明亮的眼眸里竟没有半点儿怨恨和不满。她说："母亲没得选，人们的态度没得选，有得选的只有自己——自己要好好读书，绝不能活成母亲的样子。"

一路走来，霞儿在母亲为她创设的残酷而任性的世界里，披荆斩棘，用她的勤奋、明理建造了自己的王国，拥有了更多的朋友，也助她走入了梦寐以求的大学校园，拥有了跟母亲不一样的人生。

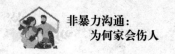

母亲不自知的伤害，会让孩子的童年失去色彩。我们如果一味沉浸其中不能自拔，让它持续存在并支配我们的生活，人生就会灰暗无比。

我们唯一能做到的，就是学会自我修复与界定，拥有自己的信念、情感和行为。面对父母的言行，要学会选择，学会说"不"，只有迈出这一步才会有鲜花铺路。

霞儿可以说是幸运的，没有继承她母亲的任性，走出了自己的人生。她的弟弟大强，却成了母亲的复制品。

大强比霞儿小七岁。

母亲觉得有了儿子，腰杆硬了，就把万千宠爱都集于大强一人。霞儿每天上学尽量晚回家，避免跟母亲多交流。因为稍有不慎，大强有任何一丝一毫的小问题都会变成她的过错。

在这种日子的慢慢浸透下，刚会说话的大强就比同龄孩子的声音高八度，等到会走时，俨然成了小区的公害——有喜欢的花草，一定要采来；看见小朋友手中的吃食，一定要抢来。如果抢不到就躺在地上撒泼打滚，一定要占为己有才会罢休。

母亲从来不制止，她觉得这没有什么，孩子还小呢，再说了，强势才不会被欺负。小区里的人也只能无奈地摇摇头，孩子们更是没人跟大强玩。

大强每天跟着母亲，母亲的一举一动，他都心领神会。

霞儿不止一次地跟母亲说，让大强上幼儿园吧，幼儿园有许多小朋友，大强有了自己的玩伴就不会这么任性了。母亲却说："幼儿园哪有家好，我也不用上班，天天在家带着大强挺好的。"

好不容易，大强可以上学了，霞儿觉得弟弟在学校里会慢慢变好。可谁知，大强根本不想读书，他觉得学校的规矩太多，就经常找借口说肚子痛、头晕，三天两头地让母亲请假不去上学。

母亲有求必应，母子配合默契，霞儿怎么劝都无济于事。

大强初中没毕业，就早早地上了技校。可是，在上技校住校期间，也是三天两头地跑回家。一次两次，老师还来电话询问，可后来次数多了，老师也懒得管了，大强就这样无一技之长地走向了社会。

大强因为继承了母亲的任性，长期迷恋任性带来的痛快，让任性的种子发芽、开花，最后只能独自吞咽自己种下的苦果，与姐姐走出了大不同的人生。

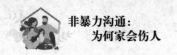

原生家庭铺就的人生之路，如果荒草丛生，让母亲任性的种子随其成长，会让人在前进的道路上迷失方向。只有拒绝继承，看清前行的路，一路奋进，才能成为更好的自己。

第4节　因为过去，我无法原谅曾经的你

出生在什么样的家庭，遇上什么样的父母，是我们无从选择的。如果幼小的你生活在一个冷若冰霜，不会给你丝毫温暖的家庭，你会不会因为这些原因而永远无法原谅父母，继续遍体鳞伤地生活下去？

一个人的原生家庭中，父母对待子女的态度，会对他的成长产生极其深远的影响。在父母的影响下，有的孩子可能会经历悲惨糟糕的人生，也有的孩子可能会反其道而行之，通过自我抗争来修复心灵的创伤，从而绘就不一样的人生画卷。

人生的风景，完全取决于当事人的自我觉醒。

新月是个刚参加工作的"90后"姑娘，留着齐耳短发，笔挺的鼻梁上架着一副黑框眼镜，嘴角常常是甜甜的微笑。

她总是姐姐长、姐姐短地称呼办公室里的每个人，谦逊有礼地向大家请教工作上的问题，无论谁有麻烦，她都会热心相助，简直就是办公室里暖心的小太阳。大家都说："新月是个知书达理、温和谦逊的阳光女孩，一看就是从小受尽宠爱的。"

事实并不是如此。

一次，我和新月一起外出学习，住在同一间客房里。那一晚，我们彻夜长谈。新月告诉我，其实她的童年是个用委屈和痛苦编织的牢笼，不堪回首。

新月生在一个中产阶级家庭，爸爸妈妈都是国企职工。但这是个重男轻女的家庭，爸爸不管事，家里的事都是妈妈说了算，而妈妈心里只偏爱哥哥一人，她一生下来，就被送到城郊小村子里的一位老奶奶家寄养。

三年的时间里，妈妈从未去看过她。幼小的她不知道妈妈长什么样，直到她要上幼儿园才被妈妈接回来。

接回来后，妈妈让她和爷爷奶奶一起生活。每当看着别人的爸爸妈妈来幼儿园接小朋友时，她就特别羡慕。为了引来妈妈，她开始在幼儿园里捣乱，今天挠破小朋友的

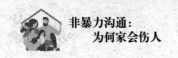

脸；明天故意尿裤子，后天摔坏教室里的玩具。

但是，妈妈始终没有来。

直到有一次，她趁老师不注意，拿起小板凳使劲砸向教室里的电视机，结果电视机掉下来砸伤了自己和旁边小朋友的脚。老师被吓坏了，一边帮她和小朋友处理伤口，一边安慰她："不要怕，妈妈会来幼儿园处理问题的。"

没多久，妈妈气急败坏地来了，她终于见到了日思夜想的妈妈。她的小手激动地在身上来回摩擦着，潜意识告诉她，这时她应该像电视里的宝宝那样，迅速跑过去扑进妈妈的怀里。于是，她就这样做了，可是，结局完全不是她想要的。

母亲抓住扑过来的她，一个巴掌拍打在她的头上，骂道："这么小就这么坏！""咋不去死！你是来讨债的？"一句比一句难听，这些言语和巴掌如同利剑一样刺痛了新月幼小的心灵，泪水在她的小脸上肆无忌惮地流淌着。

老师赶紧上前阻止，劝说。

经此一闹，妈妈把她带回了家，决定亲自调教她。她又很开心，因为终于回家了，终于有妈妈了。

此时，她一边说，一边抹去脸颊上的泪水。她长叹一声，叹出的这口气里飘散着她多年积压的委屈与辛酸。

她继续讲下去。

每天放学后，她都是在妈妈的斥骂声中做着择菜、扫地、抹桌子的活儿。后来，慢慢长大了，她完全成了家里的小保姆。

在这个家里，比她大六岁的哥哥除了打游戏，什么也不用做。她实在忍无可忍，就壮起胆子问妈妈："妈，我和哥都是孩子，为什么家务都是我一个人干？"

妈妈随手操起身边的水杯泼向她，训道："因为你是女娃！"瞬间，泪水彻底模糊了她对妈妈所有美好的幻想。

那年她刚满十岁，自此之后，她彻底地死心了，不再奢求妈妈的爱，也不再对这个家抱任何希望。她把所有的心思都放在了学习上，她心想：一定要努力学习，变得强大，然后永远离开这个冰冷的家。

后来，她终于通过自己的努力考上了大学，毕业后就去当了老师。

曾经，新月一度跟家里很少联系，好像家是自己不可示人的疮疤。可不是，一想起家，她就会想起童年的种种委屈，就无法原谅妈妈。但想起过去，自己也没有被饿着、被冻着，还顺利地上完了学，妈妈也做了她应该做的，只是重男轻女的思想太严重了。

新月还说："或许我还应该感谢妈妈，没有她的步步紧逼和嫌弃，我有可能会被养成一枝活在温室里的花朵，

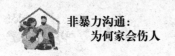
永远不会学着自己长大。我讨厌那样的妈妈，就绝不会成为那样的妈妈。这样一想，就很不错了。"

她说这些话时，感情真挚，语气平和，一脸的从容淡定，眼睛里闪烁着对未来的希冀。

是的，我们不能选择父母，也不能左右父母对待我们的态度。但是，我们可以选择逆生长，挣脱原生家庭的桎梏，努力把原生家庭带给自己的伤害变成自己茁壮成长的土壤。

阿德勒说："幸福的人用童年治愈一生，不幸的人用一生治愈童年。"当你的童年遭遇不幸时，愿你选择好的方式来治愈。

艳玲是我的发小，我们一起生活在县城老食品加工厂的职工家属院里。她有个比她小两岁的弟弟，小时候妈妈总是告诉她，好吃的要让给弟弟，新衣服要先给弟弟买，玩具都是弟弟的。

有一次，院里的一个小女孩跟她弟弟抢玩具打起来了，妈妈就让艳玲去帮忙打那个小女孩，还鼓励她："没事，她妈妈生不出男孩在家里没地位，打了也白打。你以后一定要生个男孩，千万不能给妈丢脸！"

　　艳玲点点头，狠狠地打了小女孩一个耳光，并牢牢记住了妈妈的话。

　　后来，她上到初中毕业就辍学了。因为妈妈说，她将来长大了要结婚生子，上学也没用；弟弟是家里唯一的男孩，必须上学。

　　艳玲就在家帮着妈妈照顾弟弟。再长大点儿，她就去深圳打工，而后结婚，嫁给了在一起打工的外地人。

　　后来，她为了生男孩一连流产四次，最终如愿以偿地生了两个男孩，但身体却被糟践得病弱不堪。丈夫因为酒驾在车祸中失去了双腿，没有了劳动能力，现在一家四口就靠艳玲一个人打工养活，日子过得特别艰难。

　　得知艳玲的情形，我很是同情，从她妈妈那里要来了电话号码。

　　电话接通后，艳玲一边哭诉自己这些年的不幸，一边责怪她的妈妈："因为妈妈，我失去了上学的机会。后来也觉得她的做法不对，为了逃离她，我不假思索地选择了远嫁。可我还是受她的影响，为了生男娃而无知荒唐。我永远无法原谅她，却活成了她，现在我都不知道该怨谁……"

　　我不知道该如何安慰艳玲，表示愿意尽绵薄之力帮助她。她坚决拒绝，挂断了电话。从此，她就跟所有人都断

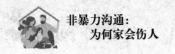

了往来，谁也不知道她现在的生活如何。

原生家庭带来的伤痛，就这样无情地毁灭了一个曾经的花季少女。她就这样草草地糟践了自己的人生，带着深深的仇恨，用毁灭自己的方式来惩罚别人，这样真的值得吗？

过去永远回不去，原谅不原谅都无法改变。可人生的路很长，绝不可以用自我毁灭的方式来记恨。选择逆向生长，逆风飞翔，成就属于自己的一片美好，不是更好吗？

第5节　我想让你看看，还有一种更好的活法

童年时，你生活在一个鸡飞狗跳的家庭，生活并不富裕，也无快乐可言。你每日提心吊胆，是选择逆来顺受，还是逃离躲避？

家庭成员之间动辄谩骂乃至大打出手，这样的现状会

让你的性格变得偏激，还是反其道而行之，寻觅一种更好的活法？这就取决于你的意志是否坚定。

庞荣是内蒙人，对工作认真负责，做事一丝不苟，是我工作中的最佳搭档。每一届的学生都跟我说，数学老师温柔、善良、从不发火，有衣品、爱微笑、很知性，是他们心中的完美女神。这曾一度让我有些嫉妒。

庞荣是一位数学老师，却喜欢阅读文学方面的书籍。她的办公桌面总是整齐干净，一盆翠绿欲滴的绿萝守候在电脑旁，充满了生机。读书是她的业余爱好，她还有边读书边做笔记的好习惯。她写的字刚劲有力，与她的外在风格迥然不同，这应该是她骨子里的刚毅吧。

她家里的布置也特别温馨，以淡紫色的色调为主，高雅而不俗。屋内的每一个物件都规规矩矩地放在恰到好处的位置，就连那几盆绿植也没有旁逸斜出的感觉。置身于这样的环境中，你禁不住要赞美主人良好的生活习惯和高雅的情趣。

她坐在沙发上的姿势都与众不同，至少比我淑女得多，不懒散，不做作。我真是自叹不如。

事实上，庞荣的童年充满了忧伤，缺少爱与幸福。因为母亲性格古怪、脾气暴躁，加上双方父母这一大家子人

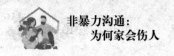
都在母亲的怒颜下小心地过活。

母亲一旦生气的时候，会毫不犹豫地把一年才能吃上一顿的饺子掀翻在地。在那个贫穷的年代，孩子们真是难以理解，哭得不知所措。

庞荣说，母亲不善言辞，每天只是忙忙碌碌，只有生病了才会停下手中永远也干不完的活儿。她常与父亲吵架，有时还大打出手。她为什么生气，永远无人知晓，大家只是靠猜测。

庞荣说的时候很是淡然，语气平和，平静得像是在说别人的故事。

我一脸同情地望着她。

七岁的时候，庞荣跟随父母搬到一个汉族人聚集的小村庄，无人帮衬，过着独门独院的日子。父母总是吵架，没钱了会吵，活儿没干好也要吵，爷爷奶奶的赡养问题也要吵，子女的婚嫁还要吵……每天都有吵不完的架，她就在父母的吵闹中忧伤地过着童年生活。

贫困并没有让她难以忍受，相反，家庭的不和倒是让她的童年灰暗无光。她说，每次目睹家庭战争，她就在心里发誓，将来自己组建的家庭绝不能是这个样子，一定要给孩子营造一种温馨、和谐的家庭氛围，让孩子快乐幸福地成长。

庞荣说："当时，自己勤奋苦学只为离开那个不和谐的家。"

功夫不负有心人，她考上了师范学校。一离开家，她那压抑的心立即轻松了许多，像脱笼之鸟开始寻觅自由的生活。

她很感谢上天的眷顾，给了她一个有温度的小家——丈夫会做美食，会说情话，会照顾人，自己摇身一变成了"天使"。

我曾问过她："你能原谅母亲吗，或者……"

庞荣摇摇头，笑着说："到了那样一个人生地不熟的地方，母亲也是被生活所迫。父亲自己没有计划，又不肯出苦力，就借着酒劲找碴儿跟母亲吵架。

"母亲张罗一大家子人的吃喝也真是不容易，难免心气不顺，爱发脾气。虽然我的童年缺少母爱，可是我理解母亲，也感谢母亲，因为在那样困窘的生活条件下能支持我读书。可是我绝不复制母亲的人生，我要让她看看，还有一种更好的活法。"

在庞荣的生活里，找不出原生家庭的影子。或者说，她用信念和勇气将曾经的"灰暗"拨云见日，向阳而生。

大千世界，芸芸众生，一切皆有因果。也许有人因为

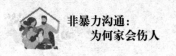

童年屡遭同伴奚落，形成了孤僻的性格，进而事事皆糟；也许有人在事业中连连受挫，导致怀疑自己，开始消极地对待人生……

这样看来，一切都事出有因，都有可以谅解的因素。

庞华是庞荣的亲姐姐，伶牙俐齿，长得也极标致，可惜她只读到小学二年级就辍学了。

据说刚上中学的时候，她也与庞荣一样处境尴尬，小伙伴们总是指指点点，嘲笑她带有蒙古味的发音，议论她穿着带有补丁的蒙古袍。她受不了，就选择逃避，辍学在家放猪。

后来，庞华嫁得不错，是外地有钱的大户人家，小日子一下子就上了档次，几分傲气散在周身上下，看得见摸得着，让姐妹们很是羡慕。可就是这样的婚姻生活，却让她弄得鸡犬不宁。

太平的日子没几天，三天一大吵，两天一小吵，恶语相伤，那美丽的容颜也因她那双剜人的小眼睛变得扭曲了。在母亲那里继承下来的一手遮天的嚣张，逼得丈夫有了外遇，接着开始动手打她，死活要跟她离婚。

她碍于面子，竭力挽留这份支离破碎的感情，但男人还是决然地抛下她和两个孩子扬长而去。

庞华的身上从小就有母亲的影子。虽然她上有姐姐、下有妹妹，但是她总想掌控大家，比如母亲不在家，就学着母亲的样子数落姐妹们。她易怒、唯我、刁钻的样子，来自母亲而胜于母亲，几个姐妹都不喜欢她。

几年后，被生活所迫，她又组建了新的家庭，男人是一个老实巴交的农民。她没有吸取上次婚姻失败的教训，很快又重蹈覆辙，再现了原来的生活状态。

庞华对待丈夫的态度，简直就是母亲的翻版，不尊重男人，举手就打、张嘴就骂。他们的婚姻又亮了红灯。

她倒是从不怨恨母亲，反而很崇拜母亲，一吵架就往娘家跑，火暴脾气的母亲就帮着她狠狠地教训她丈夫。她照着母亲的样板生活，情况越来越糟。她不懂反思人生，性格缺陷完全在母亲之上，超越了原生家庭。

庞荣和庞华的童年生活有相同的经历，冷眼、无爱、孤独，在同一个母亲的影响下成长。

童年时，庞荣每次目睹家庭的矛盾，心底都在呐喊："我不喜欢这样的生活，一定追求另一种更好的活法。"而庞华呢，牢牢记住童年的伤痕和有些独断专行的母亲的样子，从而不断地粘贴、复制……进而不顾一切地去伤害别人，最后活成了现在的自己。

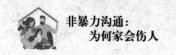
处境也许相同，但意念不同就会活出不一样的自己；经历也许相似，如果追求有异也能找到不同的人生。

不要盯着童年的伤痕心生仇恨，要解开心结，获得新生；不要陷在原生家庭的旋涡里毫不挣扎，任其吞噬，要挣脱出来寻求更好的活法。

第6节　好的摸索，胜过坏的导航

父母是孩子的第一任老师，应该在孩子的成长中做好导航。一个家庭里，父亲温和宽厚有责任有担当，母亲温柔体贴能细察会爱抚，孩子在这样充满爱的氛围中成长，长大之后就会像阳光一样释放爱和温暖。

有人说，原生家庭中，父母的溺爱与放纵或严苛与忽视，很容易对孩子造成心理上的伤害。这样的家庭，孩子最可怜，更可悲的是他以自己的父母为导航，放弃自己的摸索，同样会遭遇不幸的人生。

我与阿伟相识于一次培训学习，我们分在同一个小组，他是一位稳重大方、博学儒雅的谦谦君子。听他的同事说，他还是个文学爱好者，发表过数百篇文章。于是，我对他很是崇拜。

后来，在一次培训会上又见到阿伟，这次他是老师，我做学生。课堂上，他总是带着温和的笑容，说话不疾不徐，娓娓道来却又有直指人心的力量，讲堂里不时爆发出热烈的掌声。

交流多了，我们渐渐熟识起来。当时我已经捉笔写作，每遇到难题向他请教，他都愉快作答。

阿伟爱好广泛，篮球场上有他矫健的身影，书法展上常常会看到他的作品，他还涉足了许多名川大山……我猜想他一定有个幸福的童年，在温暖的家庭里长大，从他温润的笑容和儒雅的气质里可以看出来。

一次去外地培训，我们同行，一路上无话不谈。我说出我的判断，他说他有一个有爱的小家庭，但是他的原生家庭并不可爱，父亲充满暴力，家里冷得像冰窖。

阿伟的家在一个小镇上，父亲开着一家炖鸡店，家境还可以。但是父亲暴戾成性，对他和母亲非骂即打。每天小店打烊后父亲就喝酒，回家借酒发飙，母亲通常被打得

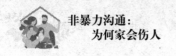
遍体鳞伤，她压抑的哭声常常会把阿伟从梦中惊醒。

儿时，阿伟看着父亲抽打母亲时恶狠狠的样子，吓得把头蒙在被子里不敢出声。五岁时，再看到父亲打母亲，他就用小小的身子护住母亲，死死地抱着父亲的腿。父亲连他一块儿打，最狠的一次打得他屁股开花，下不了床。

阿伟说，九岁之前他很是顽劣，偷东西、打架、抽烟，同学们都不喜欢他。父亲打他，他自己反而变本加厉，想方设法使自己的拳头变得更硬。

七岁那年，好事的邻居告诉他父亲有了相好的，女人是他们同村的有夫之妇。那个女人还没有母亲漂亮，可穿戴干净，说话柔声细语，见谁都是一副笑眯眯的模样。

在阿伟的眼里，那女人就是一个可恨的人，是专门迷惑他父亲的狐狸精。

他恨父亲，更恨那个女人。于是他偷偷地往她家里扔砖头，还往她家的鸡棚里扔鞭炮。那时的他像个浑身长满刺的小刺猬，逮谁扎谁。

八岁那年他打架，把同学的鼻梁骨打断了，人家家长找上门，他又被父亲暴揍一顿，锁在屋子里。就是那天，他胡乱翻书看，一看竟然看进去了。他在书里发现了一个温情的世界，不一样的家庭，不一样的父亲：理解关心家人，有责任有担当。

阿伟说："那时，我就想着自己长大后就做书中那样的父亲，疼爱、陪伴孩子，做孩子的好榜样……"

我问他："你还恨父亲吗？"

他摇摇头，说："早就不恨了。其实父亲也很可怜，被爷爷从小打到大。

"奶奶去世得早，留下父亲和年幼的叔叔和姑姑，十几岁的父亲帮着爷爷照顾叔叔和姑姑。等到叔叔和姑姑长大成家，父亲已经过了成家的年龄，万般无奈，娶了腿脚不灵便的母亲。我只是庆幸没有成为他，过上了跟他不一样的生活。"

《都挺好》的导演说："原生家庭的影响，可能是一生都很难改变的。要正确面对过去的积怨，不能回避，更不能躲避。"

比起永远没有办法与原生家庭和解，在童年伤痕的影响下一生过得不幸，阿伟却端正了心态，通过自救和疗愈，用童年的不幸来警戒自己，让自己变得更好了。

阿伟没有好的导航，而是在好的摸索中走向了光明，走向了幸福。

二强是我的邻居，小我两岁，他还有个哥哥。二强的

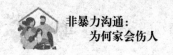

爹和我爹在同一个运输队工作，长年在外跑长途，二强妈拉扯着二强哥俩在村里过。

二强妈特爱偷东西，经常去地里偷庄稼，有时被人家逮住会数落一顿，也被打过，很丢人。可是，二强妈却不以为然。

我妈说，有一次她和二强妈一同从地里回家，刚走了一段路，二强妈说要去地里小解，结果出来时用褂子兜了不少黄瓜。她劝二强妈还回去，二强妈却说："怕什么，又没人看见。"反而是我妈一路上战战兢兢，仿佛做贼心虚的是她。

二强的哥哥在八岁时意外走了，二强和妈妈搬到了城里。二强妈闲不住，就推着一辆破三轮车带着二强走街串巷收破烂。二强妈边做生意边顺手牵羊，二强没少给妈妈打掩护。

上学后，二强在学校里不好好学习，经常偷同学的铅笔、橡皮、本子，同学们都不喜欢他。他拿偷来的零食讨好高年级的坏孩子，就跟他们混在了一起。

有了坏孩子撑腰，二强在变坏的路上走得更远了。

二强爹虽然脾气暴躁，但他对二强很是溺爱，回家听到有人告状，二强就满嘴谎话不认账，再加上他妈妈护着，他爹就信了。

二强不爱学习，五年级没毕业就辍学回家了。辍学后的二强在外面东游西荡地混日子，小小年纪就结交上了一帮小偷。

二强妈也不太了解情况，更舍不得打骂二强，任由他在外面晃荡，他的胆子就变得更大了。

长大后，二强的胆子更肥了，伙同别人偷摩托车被抓，判了两年。他爹气得住了院，他妈妈天天以泪洗面，悔不当初。

年前，我与二强的发小虎子聊起来，虎子说二强恨他父母，他觉得走到这一步完全是他父母的责任。在他小的时候，他妈妈纵容他偷东西，每次得手都有奖励；他爹也溺爱他，弄得他不知道是非对错；在学校里他没有朋友，很孤独，他就偷东西、打架来报复那些讨厌他的人。

属于自己的成长，二强却一味地怪怨父母，他那样说，谁会同情？

知乎上有一个问题：你是如何与你的原生家庭和解的？里面最高点赞的回答是：不会和解的永远不会。

二强就是这样，在原生家庭的影响下，被打，被骂，被孤立，被唾弃，一直沉浸在不幸当中，可悲的是他没有自我觉醒。

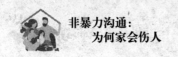

　　在成长的路上，有父母正确引领的孩子是幸福的，父母本身就是走邪道的，孩子是可怜的。当你意识到无法获得正确的指引时，就自己用心去摸索吧，毕竟，最疼爱自己的就是自己。

/ 第二章 /

冲破兄妹带来的不良影响

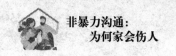

第1节 在你看不见的地方，我曾独自哭泣

眼泪掉落在地上会开成花朵，会变成珍珠，你信吗？其实，只有坚强勇敢的心，才会遇见这样的奇迹。

善良与美丽，总是我们内心的渴望，慰藉了很多悲伤的心情，明丽了很多灰色的季节。

善良的你，生来就是一朵花，却并未充分享受来自兄妹的阳光雨露，在无人的角落，抑或暗自伤神，抑或独自垂泪。是努力汲取拼命生长绽放枝头，还是自怨自艾停止生长悄然萎谢？

只因每个人的了悟而有不同选择。

亚柏四十多岁，是我朋友里最暖心的一枚"男神"。他的周围总是少不了喜欢文字和书法的人，而他把雅致当成一种生活方式，在他身上，我看到了眼前的苟且与诗和远方的和谐统一。

亚柏是本省有名的书法家，他的行草精致与稚拙相映，奔放与内敛共生。他的诗文直率与深邃并存，活泼与诗意成趣，总之就像他的人一样，真而暖，是人们喜欢的样子。

我曾去过亚柏的工作室，一株绿萝几乎穿过房间墙壁爬至顶棚，一盆君子兰幽幽地散发着清香，案几上零散地堆放着厚厚的碑帖、各种型号的毛笔，四周墙上都是他的书法作品。他自号"漏夕堂主"，可见他对时光的珍惜、对事业的执着。

如果你就此认为他只会低头写字，不懂抬头生活，那就错了。

亚柏唱歌好听，是麦霸级别的人物，并且热情好客。听他讲故事，看着他晶亮的眼睛，你不觉会想，他快乐而谦逊、热情而严谨，该是万千宠爱集于一身的宠儿吧？

事实上，亚柏生于20世纪70年代的城中村，父亲是一名中医，姐弟三人中他是老三。

小时候的亚柏乖巧、嘴甜，人见人爱。父亲把很多爱给了他，并寄予他厚望。每次父亲背着药箱出诊，亚柏和二姐都哭着喊着要跟父亲一起去。其实，他们心眼里就是盼着出去玩，盼着患者家属给一颗甜甜的水果糖。

父亲每次总会带着亚柏一起出诊，不带二姐。那次，

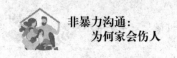

他把带回来的糖给二姐，二姐撇撇嘴转身走了，一天都没有理他。他看着二姐远去的背影，落寞地低下了头。

亚柏说："那时候真是不懂，就想女孩子爱记仇。现在想来大概是姐姐觉得我恃宠而骄，故意教训我一下吧。不过那次我确实是伤心了，感觉好心被误会了。"

二姐其实很勤快，说话也是快人快语。也许是父亲的偏心，让二姐心里不畅快吧，小小的亚柏成了她发泄的工具。

亚柏郁闷的时候，就转身去看父亲的中医书，看不懂的地方就问大姐，大姐教他查字典。他因此爱上了读书，爱看父亲写的处方，总是问长问短。

七八岁的时候，他像模像样地端坐在门口桌子前，拿起笔一笔一画在田字格里书写着美妙的心情。

"哈哈！这字丑死了！"耳旁传来二姐的嘲笑声。

他迅速合起本子，干脆躲到房间里去写，流泪也不让二姐看见。

父亲走过来护着他，表扬他的字写得漂亮，还抓着他的手跟他一起写，那温暖的大手传递出巨大的力量。

写着写着，亚柏竟然喜欢上了书法，不可遏制地狂热追求它，所有空余的时间都给了墨汁与宣纸，那是童年记忆里最大的温暖。

二姐的刺痛虽然不时会来到，但所有的泪水都在宣纸上变幻成一行一行泛着墨香的美丽。

如今，三十年过去了，亚柏一路收获了各级各类荣誉奖章多次。

二姐却成了比大姐还跟他亲近的人，他们偶尔会开小时候的玩笑。也许，哭过，笑过，才是生活。

我甚至在想：如果不是二姐总在敲打他，他会不会拥有今天的一切？

有人说，衣服破，尚可补，手足断，难再连。手足之情，可贵如此。

童年时期那些发生在兄弟姐妹身上的悲剧，因为血缘关系会逐渐淡化，甚至被忘记。但剥开往事，我们依然会发现影响自己成长的蛛丝马迹。

美美是我同村的好姐妹，重点大学毕业，在一家国企工作，兢兢业业。按理说，她的生活无忧，前途光明。事实上，她时常走神，精神萎靡——不敢接受所爱的人，婚姻不顺；领导想对她委以重任，看她疲惫不堪的样子也就放弃了。

原生家庭里，牢骚满腹的母亲和索求无度的弟弟，让

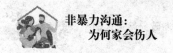
美美的日子过得千疮百孔，她甚至不知道该如何应对。

一次，我恰巧遇见美美大包小包地回到村里，她高兴地同我打招呼，我却看到她眼角不易觉察的无奈。接着就听到传言，她弟弟因为赌博欠下了很多外债，被债主逼迫威胁，她是回家替弟弟还赌债的。

一个优秀的姑娘，硬是被弟弟逼得憔悴不堪。看着这样的美美，我的思绪回到了她的童年。

父亲早逝，母亲独自一人支撑着风雨飘摇的家。美美从小就懂事，弟弟比她小四五岁，她凡事都谦让，过早承担起了家庭的重担。

美美爱读书，她把自己学会的古诗读给弟弟听。可是，母亲总是说女孩子读书无用，催她给弟弟洗衣服、做饭。都说穷人的孩子早当家，确实如此，但美美似乎承担得更多，她缺少亲人的支持和关爱。

弟弟长大了，由于贪玩不爱读书，又习惯于凡事依靠姐姐，美美的负担和痛楚没有减轻，反而更重了。

管它合不合理，只要弟弟有求，她不敢不答应。因为母亲总说，为了他们姐弟，她已经牺牲得太多了。美美也觉得是这样子，她必须承担起来。

当其他女孩子穿着花衣裳快乐地郊游时，美美要护着弟弟，要做家务。她也有眼泪要流，也想有个怀抱可以温暖，也想有一双大手可以拉着，可是什么都没有。

尽管美美的求学之路很顺利，大学毕业进了国企，可是，她依然无法逃脱弟弟的求索。弟弟不成器，自责和愧疚深深地攫住她的心，她无法过上开心的日子。

我不知道美美何以有如此沉重的心理，她无法逃脱的宿命是谁造成的？她又如何才能解脱，过上自己的生活？

面对巨婴式的弟弟，姐姐到底应该怎么处理？像小时候一样，一味满足他的一切愿望吗？美美就是这样，如果没有满足弟弟的要求，她就充满自责和愧疚，以致不敢面对爱她的男人，不敢接受婚姻。

孩童时帮助母亲照顾弟弟，甚至一味顺从，也是人之常情。已经成人，还深陷母性情结没有觉悟，以致反噬自己和爱自己的人，就显得有点儿愚昧和糊涂了。

善良要有原则，帮助要有底线，即使亲姐弟也该如此。每个人都是独立的个体，不要过多参与别人的生活，哪怕是手足之间。

不得不承认，无力选择的血缘亲情有时也会暗箭伤人。只有正视伤害，真诚疗伤，才可能拥有属于自己的新生活。

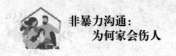

愿心灵所有的阴影都能被阳光驱散，愿世间所有的亲情最后都会圆满。

第2节　别再计较，我们是亲人

童年，一个多么纯洁又充满快乐的词儿，有人陪伴的童年更是幸福、温暖。我们互相陪伴着在这幅童年的画卷上挥挥洒洒，纵然有几笔不尽如人意，最终也会成就不断成长的自己。

让我们在陪伴中学会珍惜、学会思索，明白爱的真谛。

又到周末，不只是孩子兴奋，身为大人的我们也都形成了一种默契——望着在客厅嬉闹的孩子们，看着在一旁随意聊天的弟妹们，我能感觉到，爱意正流淌于客厅的每个角落。

在身边很多年轻同事苦恼该不该生二胎的时候，我们兄妹三个却出奇得一致，虽然年纪有点儿大了，却毫不犹豫地让二宝落地。也许,我们内心深处都渴望孩子也能像自己的父母一样,享受来自兄弟姐妹之间的爱。我们的过去不用复制,孩子们也有自己的精彩。

这不由得又勾起了我对我们兄妹三人童年时光的回忆和怀念。

五岁之前,家里一直是我一个,看着左邻右舍的同伴,或有哥、姐罩着,或有弟、妹跟着,我的心里一阵羡慕。也许是我孤单已久的心太虔诚,那一年,我一下子同时有了弟弟妹妹,从此开启了幸福的童年之旅。

三个孩子的家里一直流传着一句话:偏大的,爱小的,中间有一个隔搅的。我们家也不例外。我乖巧懂事,最小的妹妹被偏爱得有恃无恐,中间的弟弟总是承担得最多。从此,家里的多幕剧便轮番上演。

"妈妈,我要最大的那一块儿,我最小,姐姐和哥哥都应该让着我。"妹妹理直气壮地说,直接拿走了最大的那一块蛋糕。本想给她好好讲一讲"孔融让梨"道理的我,看着妈妈那看向妹妹宠溺的眼神,只好闷闷不乐地拿起最小的那一块儿。

我虽不满妹妹的蛮横,不喜妈妈的溺爱,却也更不愿伤害懂事的弟弟。不知从何时开始,我已经敏感地发现,如果我再不懂得谦让的话,那么最后吃亏的总是弟弟。结

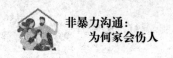
果是，我多了一个信任我、黏着我的小跟班。

九岁那年，发生了一件我永远都忘不了的事，那件事也是我们兄妹感情的强力黏合剂，影响深远。

夏天的中午，是大人们难得的休息时间，也是孩童们的快乐时光，于是水渠边、葡萄园、西瓜地就成了我们玩耍的秘密基地。

这一天，我们都聚集在小胖家的葡萄园，大家嬉笑地做着游戏，好不热闹。事情的起因是妹妹和小胖的口角之争，最后小胖吼了一句："滚，这是我家的地盘，这里不欢迎你！"妹妹遭到前所未有的嫌弃，于是号啕大哭。

这时只听弟弟说："小妹别哭，滚就滚么，来，哥哥给你滚两下子看看。"于是，弟弟就顺着葡萄园边的小路滚起来，大家都哈哈大笑。妹妹一看，也不哭了，一边喊着"哥哥加油"，一边还示威似的瞪着小胖。

葡萄园的小路边长了许多蒿草，顺着蒿草往下几米是一条大路，谁都没有意识到危险已经来临。在我还没反应过来时，只听"扑通"一声，弟弟不见了。我尖叫着跑到蒿草边往下一看，就颤抖着哭出声来。

我不知道自己是怎么抖着腿跑到大路边的，也不知道爸爸是什么时候抱着弟弟直奔医院的，我只知道，事后很久都忘不了弟弟那被荆棘划破的脸和扎满刺的胳膊。

经历过那样的噩梦，再经过大人的数落之后，妹妹大大收敛了自己的任性、蛮横，成了一个崇拜哥哥的迷妹。从此，这个家真正呈现出了一幅长姐懂事、兄妹团结的和谐画面。哪怕后来得知弟弟是抱养所带来的情感波动，也丝毫没有撼动我们姐弟之间的深厚感情。

我们曾如此亲密地陪伴过彼此，参与过对方的成长，所以我们不再孤单，逐渐成长为更好的自己。

这些都如树苗在成长的过程当中，树根越来越密实地深扎入泥土中，相信这一点一滴也会深深地扎根在我们彼此的内心，成为我们今后人生路上前行的力量，风雨中的温暖和安慰。

童年的我们都拥有一颗纯洁而完整的心，不知从什么时候开始，这颗心开成了两瓣，一瓣保持着纯洁、美好、善良，还拥有它最本真的样子。可另一瓣已沾染了世俗的尘埃，自私、虚荣甚至邪恶，是生活最贴近现实的残酷。

也许心被浸染是不可避免的，可我们的手头也应准备一块橡皮擦，时时擦拭心田，使之不要布满尘埃。

妈妈和爸爸今天又去三姑家了，这次是为表妹莉莉的事。

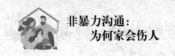
爸爸这一辈，老姐妹共四个。三姑排行最末，论模样却是四姐妹中最出挑的。也许是从小就备受偏爱，又因为姑父是生意人，家境好，三姑走到哪里都是人群中最耀眼的那个。

莉莉是三姑的女儿，在那样的家庭里，她把三姑的一切原封不动地继承了下来，尤其是那模样，青出于蓝而胜于蓝，以至于本应是家里最受宠爱的鑫弟弟，在姐姐的映衬下也被忽略不计了。

与莉莉的耀眼不同，鑫弟弟自小就相貌平平，木讷少言。一堆小孩子聚在一块儿玩的时候，不用刻意去比较，姐弟俩的优劣高下就已经被大人看在眼里，以致三姑每每看他的眼神都带着一丝遗憾。

大人的世界总是那么复杂、功利，甚至带着点儿残忍。虽然同样光鲜，却得不到同样的关注，更别说平等的对待，这也就更滋长了莉莉的骄纵。

孩子的世界简单、纯净，却也最易受伤。也许是不经意间的一个眼神，或者是随意的一句话，生活中看似微不足道的一件小事，都可能在那幼小的心灵留下或深或浅的伤痕。当数量累积到一定程度，发生质变的时候才会引起大家的注意。

其实，孩子要求得并不多，而不公平地对待，在童年时期对孩子的影响和伤害到底有多大，大人可能很难体会到。

一切都在悄悄地发生着变化，姐弟俩开始不时爆发出矛盾。最初是莉莉心爱的裙子上不知怎么破了一个洞，再到鑫弟弟开始梗着脖子跟莉莉吵架，跟三姑顶嘴，直到学校三番五次地告知孩子不爱学习，经常打架斗殴。最后，一直忙生意的姑父秉着女孩要宠爱、男孩要严管的思想开始插手，但家里的情形却越来越糟。

冰冻三尺，非一日之寒。有些东西就像长在石头缝里的杂草，一旦露出来，经了风、淋了雨，就会滋滋地疯长。姐弟之间的矛盾本是家庭教育的问题，可这个问题却更加剧了姐弟矛盾，最终反噬到所有人的身上。

现在这姐弟俩成了家族里面所有人教育孩子的反面教材，这样的影响，一如当时作为耀眼的中心，让人唏嘘不已。

成长是路，心是田，如何走、怎么种，同行之人固然重要，但最终还是要看自己。播下爱的种子，爱来而爱往；种下荆棘，伤人的同时又何尝不是在伤自己。

面对善意，愿我们能开怀拥抱；面对伤害，愿我们也有接纳的勇气。

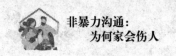

每个人的心田，既能开出美丽的花朵，又能长出刺人的荆棘。与人同行时，我们能嗅着花香，也要有拔除荆棘的勇气和能力。只有这样，才能呵护这荆棘中艰难长出来的花朵，相信，待到花香满园时你会笑得很欣慰。

第3节　要么彼此原谅，要么各自走开

"金剪刀也剪不断。"有人如此盛赞亲情，盛赞的人一定被亲情的美好滋养过。"无债无冤不结亲。"也有人如此感慨，感慨的人兴许被"亲"字灼伤过。

那些年龄相仿的兄弟姐妹，原本是最好的玩伴，最近的亲人，结果呢？

凌小雅不是一个爱热闹的人，却热情而有理性；凌小雅不是一个长得好看的人，却极有修养，也很温和。我这样说，其实已给她留足了面子，如果她在乎的话。

事实上，凌小雅常说的话是："面子太伤人，我宁愿只要里子。"

凌小雅比我陈述的更糟糕：不到周岁时的一场疾病，夺去了她的右眼视力，这一下就被划拉进了残疾人之列；肤色黝黑，她自己调侃说，一不小心掉进炭堆里就找不到了；身材呢，一米五四的个头，松松垮垮没体形，老天为她定制的这套组合真够让人失望的。

凌小雅比我上述提到的更出色：作为一名教师，十多年前她成为《读者》等各刊的签约作家、专栏作家，出版散文集数本，所写文章多次被选为各种考试题，受邀在省内外做教师培训，也曾走上研究生的讲台。用她儿子的话说："妈妈就是个发光的奥特曼。"

我，就是凌小雅。我的成长哪里是花香满径，简直处处陷阱，以致如何避免受伤才是我成长中的必修课。

我的童年所有的快乐都来自外婆家。记忆里，儿时每年我都有两段时间待在外婆家。略大一点儿才知道，那是当老师的母亲在寒暑假的日子要做一家六口人的衣物、拆洗被褥等等，我待在母亲身边会妨碍她干活儿。

外婆外公舅舅包括舅妈，都是很欢迎我这个小客人的，只有表妹婉儿与我所有的所有都严重不合。婉儿比我小半岁，却高出半头，从来不喊我姐。她脾气蛮大，很少

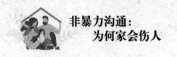

跟我说话，一抬胳膊，一推一搡，我就会跌坐在地。现在想来，那时我真是弱爆了，只会哭。

外婆常搂着抹泪的我，数落婉儿："婉儿是个乖孩子，要让着你姐，再说了你姐是客人……"

外婆说话从不起高声，轻声细语咋进得去"暴力婉"的耳朵？简直就是对牛弹琴。

不过，我不还手其实也有自己的小算盘，只希望婉儿出去跟小伙伴玩时带上我，毕竟孤独更磨人。可不管我咋忍让，婉儿每天风风火火地跑进跑出，从来不带我。

我们一直住在一个院子里，记忆里竟没有两人一起玩的模糊印象。倒是有一次，她答应外婆带我出去玩，可一出门就反悔了。

"我咋把你叫姐？这么矮的个子。"她用手比着我俩的高矮，"头发短得像野小子，看我的，多长。"她嘴角一撇，头发一甩，长长的辫子从我脸颊打了过去。"带上你，都没人跟我玩了，丑死了……"

我自个儿流着泪转身往回走，许是这次，我的自尊被伤尽了，再也没有一丁点儿想跟她玩的念想了。

世上真没有走不出的死胡同，不久后，我自己就找到了新玩法——关于一道水渠的。那道水渠距离外婆家门口有五十多米，突然在某一天闯入我的视线。

我常常在水渠边坐上半天。抬头，水渠对面是果园，花好看，偶尔也能闻到果香；低头，水渠里有鱼，有鸭子有鹅。我坐的这一边遍地都是野花野草，摘花也不伤手，自己跟自己玩，时间过得真快啊。

有一次被小舅无意间看到，他飞跑过来，惊恐万分地要将我拉下来。我第一次蛮不讲理地哭着闹着不下去，跟他说我不会掉下去。

后来，外婆陪我坐在水渠边，她做针线活儿，我自个玩儿。多年后，儿时坐在水渠边的寂寞与热闹都溜进了我的文字里，芬芳起我现在的日子。

后来在成长中，无论遇到怎样的环境，或是别人怎样孤立我、排斥我，似乎都不怎么影响我的情绪，我都能快速调整好状态，投入到自己关注或喜欢的事情中。这真的要感谢儿时在外婆家的尴尬处境。

人生没有白走的弯路，得长记性。而今，我早已原谅了婉儿，她开始喊我姐了，我们相处得很融洽。

人生像小船，能同行就不寂寞，无法同行就各自划开。

学会跟自己玩，不失为取悦自己的好方法。毕竟，各人都有自己要赶的路，不能纠结于被不被接纳而忘了干自己的正事。

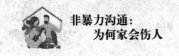

清香，这名字听着挺爽耳，该是何等如花似玉的人才不会辜负这芳名。

清香是我曾经的同事，她将自己铸成了铜墙铁壁，若不是完全信任，她是不会向你敞开心扉的。

我有幸被她信任，只是也替她难过：她什么都知道，是非对错，可就是依然不会有正确的行为。这一切源于儿时，她稀里糊涂地就长成了错误的模样。

清香有个姐姐叫芳香，在清香的叙述里，我看到了芳香的儿时：很能干、很有主意的小丫头，小心眼多得就像天上的星星。清香说芳香就是她的老师，比爸妈都称职，教给了她一切：看人眉眼，怎么得到想要的，还有对是非的判断。

芳香经常拉着她到二爸二妈家陪堂妹玩，二妈经常拿好吃的给她们。

芳香自己不去，也不让清香去三爸三妈家。三爸三妈的脑子有点儿不利索，左邻右舍都看不起他们。芳香可爱面子了，不愿意丢人现眼——同一条巷子，在外面遇到三爸三妈，她就像不认识一样头一扭就跑开了。

芳香告诉清香，不要问傻子好，跟傻子说话自己也会变成傻子。

　　清香既胆小又臭美，才不愿意变成傻子呢，就啥都听姐姐的。

　　那时候，清香觉得有个姐姐真好，什么都替她想了，也替她挡了，她只要跟在姐姐屁股后面走就行，连低头看路都不需要。

　　清香说，那时候她特崇拜姐姐，姐姐只比她大两岁，跟她一样都是小孩子，但啥都知道。姐姐会讨人喜欢，会看眼色，也知道哪个大人惹不起，哪个大人骂几句都没事。

　　长大后，清香觉得自己跟姐姐一模一样：干活儿时常在心里偷偷地掂量一下轻重，找轻点儿的做，享受时自然奔着重的去了；与人交往时，也总是下意识地直接绕过品行，看财富、看权势、看背景……

　　清香说，其实自己早已意识到问题了：交友出了问题，就在于没有看品质没有交心；工作出了问题，在于自己想走捷径却走了更多的弯路。自己也在努力地修正，只是儿时的影响根深蒂固，一时半会儿不好改。

　　此刻，清香对我说："我也不能让姐姐全背锅，可的确是因为有那么一个姐姐，我才长成了今天这没出息的样子。跟着姐姐，看起来是沾光了，结果吃了一辈子的亏，只要自己的孩子不像我这样就行了。"

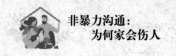

所谓榜样的力量就这么简单，潜移默化中，你就长成了一个模样。

这辈子有缘分，才能成为兄弟姐妹。有了问题能彼此原谅，可以继续相处。不能包容的可以各自走开，每个人都有自己独立的人生。

第4节　我想牵着你的手，一起往前走

牵手，是风雨中的共渡难关，是暗夜里的相依相守，是困厄时的不离不弃。兄弟姐妹众多的你，人生路上就多了伙伴和同行者，当是幸运至极的存在。如果你觉得会一直花香满径，那你可能误会了，有时候你甚至希望自己是独生子女。

生活喜欢跟你捉迷藏，有时候让你欣喜若狂，有时候令你灰心沮丧。面对来自兄弟姐妹的相助或者竞争，你会怎么做？

享受爱的阳光，然后牵手前行播撒光斑？遭遇嫉妒放弃守护，手足相残？抑或你深陷绝境，我义无反顾以德报怨？一奶同胞，性情各异，但我们必须记住，血浓于水的是亲情，不能止步的是前行。

燕子是我的师范同学，现在在一所重点小学当校长，家庭事业双丰收，幸福得像花开。老天给了她成功者的光环，还偏偏给予她好看的面容，真是明目张胆地招人嫉妒。

如果你觉得这样的燕子太骄傲，那就错了。即使是初次与她相逢，她也一定让你有宾至如归的舒服感觉，希望能再次与她相遇。学生们也都喜欢她，亲切地称呼她"校长妈妈"。她温婉伊人，走到哪儿亮到哪儿，淡淡的笑容让你如沐春风，得体的话语让你觉得自己正在受关注。

如果你就此认为她就是"小时公主，大时皇妃"，那你就错了。小时候的燕子，可不是什么"小公主"，用她自己的话说是个"多余儿"。

燕子姐弟四人，两个姐姐，一个弟弟。她打从一生下来就遭到重男轻女的奶奶嫌弃，差点儿被送人。母亲忙得没有闲暇管她，出了月子就开始劳作。

燕子好像知道自己不被待见，打小就乖巧，不哭不闹，很是省心。

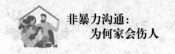

长大后，燕子的性格很是温和，不跟姐姐争长论短，帮母亲做些力所能及的小活儿，说几句让母亲顺心顺意的小话。燕子还真是母亲最贴心的小棉袄。

燕子跟二姐的年龄最接近，常常一起玩耍、一起看书。可是二姐爱抢她的零食吃，常常趁她不注意时欺负她，她哭过争过最后还是不了了之。大姐最暖心，总能谦让，是她的守护神。

可是弟弟出生了，有一段日子大姐被送到外婆家上学。二姐和她每天照看不会说话走路的弟弟，她做得有模有样，二姐却经常偷偷溜出去玩耍。

燕子也开始上学了，总有解不了的难题，好胜的她受不了同学歧视的眼神，请教二姐。二姐在母亲的唠叨下，一边给她讲，一边骂着"笨蛋"。她噘着嘴，流着泪，越挨骂，脑子越成了一团糨糊。

有时她突然转身走掉，大姐就过来安慰她，说自己要争气，不信学不会。她在大姐的鼓励下终于克服困难，喜滋滋地越学越有劲。

燕子上初中时，大姐高考落榜了。因为家庭无力负担更多的学费，大姐嫁人了。她看见曾经优秀的姐姐每天系着围裙围着锅台，心里突然觉得很难受：难道这就是女人的一辈子？她暗下决心，要活出不一样的人生。

从此，燕子好像有了方向，本来就爱学习的她更加努力，终于以全校第一的成绩考入一所师范学校。毕业后，她不懈追求，又幸运地遇到当地一位著名学者的指导，她进步飞快。如今，厚厚一摞省市的荣誉证书，证明了她付出的汗水以及她不曾忘记的誓言。

燕子说："小时候，给我帮助最多的是大姐，她踏实勤奋，性子不急不躁，教会了我温和。二姐做事干脆，我俩常计较长短，但让我学会了独立。弟弟前途好，我一路都在看着他。真的，我挺感激家人的。"

燕子的生活如花灿烂，她心向阳光，即使有风雨也能撑起一把伞。家里位置尴尬，她以体贴懂事化解。姐姐们或争执或帮助，她思想独立以自强对待。

这辈子，有兄弟姐妹牵手，风雨同舟，亲情弥坚。牵手不得，也不抱怨、不任性，万千条路，你得明确自己心底深处的呼唤。

小岱是朋友的长子，一表人才，曾经营一家餐馆，楼上楼下装修豪华。朋友在当地也算小有名气，当时对小岱的生意很有帮助。

可惜，好景不长，餐馆由于各种原因经营不下去了，

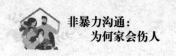
小岱的婚姻也频亮红灯。我曾想，会不会是他父亲心里只有学问，忽视了儿子的生意？

我带着疑惑，走进了小岱的往昔岁月。

小岱的父亲是大学教师，母亲在某事业单位上班，家里的经济条件很不错。

小岱从小聪明可爱，万千宠爱集于一身。但因妹妹的出生，他被母亲送到外婆家寄养，并在那里开始了他的小学生涯。

父母工作很忙，很少回外婆家照顾他。第一次离开家的感觉，怯生生、寄人篱下，他瞬间失去了优越感。好在有外婆的疼爱，表兄妹的欺负也不敢那么张狂。但他还是思念远方的家，抱怨父母的偏心。

小岱有个表哥，与他年龄相仿，他们经常在一块儿玩耍。表哥大手大脚，时常给他好东西吃，但脾气不好，任性急躁，遇事就时常打他。

有一次，小岱向母亲哭诉，说表哥跟他抢玩具，拿小凳子朝他头上抡，而且大声吼他，他很害怕。母亲认为这是小孩之间的玩闹，过几天就好了。现在想来，也许从来就没有好过。

那时候，小岱多无助啊，缺少父母的陪伴，遇见这么一个霸道表哥，他变得少年老成、沉默寡言。可是，小岱把这些不快乐都记在了妹妹头上。

两年后，小岱被接回城里，可爱活泼的妹妹早已成了一家人的快乐。母亲总是夸奖妹妹的伶俐，父亲外出也喜欢带着妹妹。谁让他是哥哥呢，得无条件地让着幼小的妹妹，何况妹妹真的讨人喜欢。

他有时牵着妹妹的小手出去玩儿，走到哪里，大人的目光都只看向这个小天使，听她唱歌、看她跳舞，仿佛他这个哥哥就是空气一般。或许是被忽视久了，他索性无所谓了，丢开书本，每天只陪妹妹玩，还能趁机敲诈父母一些零花钱，反正他们眼里只有妹妹——他功课学不会，作业做不完，妹妹捣乱就是最好的借口。

那一年，妹妹写的作文获奖了，一家人出去吃大餐。席间的热闹却不属于小岱，各种不舒服向他席卷而来，他默默地走了出去。

就这样，妹妹越来越优秀，小岱却一天天不见成长，思想萎靡。到如今，他的婚姻和事业都半死不活，勉强维持着。妹妹后来留学美国，她抛出很多示好的橄榄枝，却始终很难抓住哥哥的手。

本想牵着你的手一起走向快乐，可结果，或许出于嫉妒，或许太过自卑，而变得心胸狭隘。

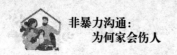
如果大人多些时间陪伴，在给予一个孩子光环时，莫忘给另一颗稚嫩的心灵洒些阳光。这样，哥哥牵着妹妹的手，愉悦地一起往前走，也能走出一片艳阳天。

有些人和事，我们不能选择，比如家人，比如兄弟姐妹。但我们可以选择做优秀的自己，选择包容，选择牵手同行。

血浓于水的兄妹姐弟之情，是这世上最动人的亲情。没有解不开的线团，没有化不开的坚冰，只需一颗明理的心、一双不弃的手。

希望所有的孩子，都能够享受到阳光的温暖，都拥有明辨是非、美丑的慧眼，都学会自立自强的本领。

第5节 看，我不是你的样子

世间的亲情，除了来自父母，更多的来自兄弟姐妹。但是，长着长着，这份亲情就出现了裂痕，只是有的后来愈合了，有的却偏离了轨道越走越远。

铭志匆匆而来，扔下给我的礼物便要走，说是公司派他来成都出差，再晚点儿就赶不上飞机了。

我开玩笑地说："不谢了啊。"铭志一边走，一边摇手："不用谢，来点儿实际的，过后请我吃大餐就好了。"

我和铭志是大学同学，当时他是我们班的班长，很优秀，只是衣着打扮很普通，甚至有点儿寒酸。那时的铭志，总是让我想到《平凡的世界》里的孙少平，贫穷的是物质，丰富的是精神。

看着铭志潇洒的背影，我又想起了他的童年。通过大学时的一次闲聊得知，铭志的童年比我想象的要艰难很多，他却说，所有苦难都是成功的垫脚石。

铭志不到三岁时，母亲因病离世，父亲经常在外做工，家里就留下他和哥哥。

在铭志六岁时，继母来到了家里。继母刚来那会儿，一家人确实幸福了一阵，家也有了家的样子。

父亲让铭志喊继母"妈妈"，铭志便听话地喊了。铭志打心底里高兴，因为这个"妈妈"看起来挺好，并不像村里人说的"后妈都凶狠和恶毒"。

可是这样的好日子没有持续很久，父亲经常外出，继

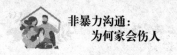

母就变了，而且哥哥也变了。

在铭志的心中，哥哥就是最亲的人，是他在家里、村子里最坚强的后盾，是最能保护他的人。可是自从铭志喊了继母"妈妈"之后，哥哥便不再像以前那样对待他了——每次铭志一喊妈妈，哥哥就会用眼睛瞪他。

有一次，铭志跟哥哥从外面回来，家里没人，铭志便下意识地问了一句："妈妈呢？"

哥哥很生气地吼道："那个女人不是咱妈，那就是个坏女人，以后不许喊她。"

哥哥这么说，铭志不敢不听。

继母的确没有刚来家那会儿对他们好，父亲在的时候，家里的饭菜就会按时做；父亲要是不在家，继母就经常不按时做饭，他们的生活又回到了那个"有一顿没一顿"的时期。

那时铭志小，不知道该听谁的话，但是他知道自己得有热饭吃，得有衣服穿。所以，渐渐地，哥哥便不怎么理他，说他是叛徒。

在铭志上六年级的时候，哥哥上初三。可是初中没毕业，哥哥便不读书了。当时铭志想来想去，也没想到自己不读书还能干什么。

因为经常吃不饱饭，铭志显得又瘦又小，可是老师却很喜欢他。他很聪明也很好学，经常得奖状。他觉得只有在读书的时候，他才可以忘记饥饿，忘掉寒冷，忘掉不善良的继母，忘掉变了的哥哥。

后来，哥哥跟着人家学修车，铭志每次去看他，都是一身的油污。再后来，哥哥娶了修车师傅的女儿，当了上门女婿，彻底离开了家。而铭志虽然还是吃不好、穿不暖，却一直在坚持好好学习。

铭志现在是一家知名公司的法务，买了房子、车子，跟自己喜欢的姑娘结婚了。

铭志总是说："继母的确不够善良，但是哥哥更让我觉得难过。原本就不幸运的兄弟俩，不能一起抱团取暖，就只能像刺猬一样越走越远。"

我们没有办法选择自己的出身，没有办法改变亲人的生活观念，但是我们可以改变自己，在自己渴望的理想生活里活出自我。

GN 是我的同事，她在办公室里几乎没有朋友。

大家都不喜欢 GN，因为她说话有点儿刻薄，大家一起聊天的时候，只要她一参与进来，大家很快就会结束聊天，因为她就是典型的"话题终结者"。时间长了，大家

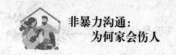

便都不怎么搭理她了。

一次偶然的原因，我跟 GN 聊天时才知道，童年对一个人的影响实在太大了。而她的改变，都源于儿时对姐姐的嫉妒。

"其实大家不喜欢我，我都知道。我也很努力地去改变自己，可是每次一激动便又忘了，说话带刺的人没人喜欢。" GN 苦笑着说道。

GN 是家里的老二，父母想要生个儿子，所以她出生后便被送到农村的亲戚家。一是因为当时计划生育政策特别严，二是因为她是一个丫头。六岁那年，她才被父母从乡下接回来。在那之前，他们也会去看她，带各种好看的衣服和好吃的，但 GN 一直以为他们只是亲戚。

"后来，爸妈说我该上幼儿园了，再不回来就真的成野孩子了。" GN 说道。

GN 开始很不愿意，因为她一直以为农村就是自己的家，猛然让她离开这里去一个陌生的地方，她有点儿接受不了。不愿意归不愿意，家还是要回的，GN 就那样跟着父母回到了城里，她的变化也是从那时开始的。

城里高楼大厦、车来车往，GN 不由得眼花缭乱。她一进家门，便被城里的家给吸引住了：漂亮的鱼缸，粉红色的床单，漂亮的洋娃娃，还有姐姐那漂亮的公主裙……

可是这样童话般的生活，GN 还没来得及好好享受，就被姐姐的白眼破坏了。姐姐说她不讲究卫生，上完厕所不冲水。

"可是在农村的时候，我们经常都是在田野里乱跑的，衣服脏了也没人说啊，而且农村的厕所都是不用冲水的。"GN 无奈地说道。

都说独生子女自私，GN 跟姐姐相处之后才真正明白，因为自己的到来，姐姐原本的宠爱被分走了一半，所以她才会不被姐姐喜欢。

GN 去玩芭比娃娃的时候，姐姐会说："别动，你洗手了没，脏手不能摸她。"

GN 想让妈妈买公主裙，姐姐会说："又黑又丑的，穿了也不会是公主。"

GN 想买好看的文具盒，姐姐会说："那么高档的文具盒，你会用吗？"

因为不被喜欢，GN 的心里便渐渐有了怨气，也是在那时候她懂得了一个词：嫉妒。她觉得姐姐可以一直像个小公主，而她凭什么就得像个乡下妞一样。就是因为心里委屈，所以很快，GN 就将所有的心思都用来对付姐姐。

在父母跟前，GN 还是那个傻傻的乡下丫头，虽然有的习惯还需要继续纠正，但是她已经慢慢适应了城里的生

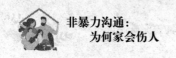

活，跟姐姐相处得也很和睦。而背地里，GN 却完全成了另外一个人，想方设法去对付姐姐。

每次一家人吃饭的时候，都是 GN 最乖的时候，她会帮姐姐拿筷子，给父亲夹菜，帮母亲洗碗。但是晚上睡觉的时候，她会故意不洗脚。姐姐跟父母抱怨，她便说是自己忘了，不是故意的，姐姐气得直跺脚。

当然，姐姐也不是好惹的。刚开始的时候，姐姐还跟爸妈告状，说 GN 欺负她。可 GN 总有理由让父母觉得那是姐姐在无理取闹，是姐姐不够谦让妹妹。后来，姐妹两人的"暗斗"变成了"明争"，从无声的行动变成了语言上的较量。

"不知道从什么时候开始，我发现自己变得庸俗又势利，说话尖酸刻薄。而姐姐也是如此，现在我们见了面也会互相挑对方的刺。"GN 无奈地说道，"争来争去，我变成了一个十足的小市民。"

其实，GN 不知道的是：无论怎样的模样，都是自己选择的。

都说兄弟姐妹是父母留给孩子最好的亲人，只是有时候，亲人之间的嫌隙却成了不可逾越的鸿沟。

伤害没有对与错，在成长的旅途中，我们可以选择阳光大道，而不是走进布满荆棘的羊肠小道。不然，我们在旅途中会伤痕累累。

第6节　不要让陪伴成为伤害

"首孝悌，次见闻。"这是《三字经》里的名言。儒家思想讲究家的观念，孝是上下关系，悌是左右关系。陪伴从家开始，有父母长辈的陪伴，有兄弟姐妹同辈的陪伴，成为父母后还要对子女晚辈的陪伴。

如果说父母对子女的陪伴是一种天性，是一种无形的教育和影响的话，兄弟姐妹的陪伴更显示了一种本性，是更为对等的相处与交流，具有更多的感情和生活体验，可以激发出更多的成长因子。

近几年，我突然在学生的作文里发现已经有些陌生的词语——弟弟、妹妹，孩子们终于有机会体会"悌"的真

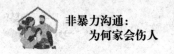

正意义了。

作文的题目是《特殊的礼物》，礼物是爸爸妈妈送给她的小妹妹，她的好奇、惊喜、疼爱溢满了每一段文字。

她的小名叫格格。那是公主一样的名字，其实在家人的眼里，她不仅宝贝如公主，更是家里不可违逆的女王——上至爷爷奶奶，下至表哥堂哥，只要她有要求都会被一一满足，稍有不高兴，就哭哭啼啼给家人脸色看。

更要命的是，她不爱学习、不做家务，任凭家人怎样教育引导，她总是躺在床上看手机，说"等一等，不急"，还说"等等，我还这么小"。

爸爸妈妈请教了很多专业人士，各种方法也试了，都无济于事。奶奶埋怨爸爸妈妈太过心急，孩子就是要玩的。但是爸爸妈妈急的是孩子的习惯，如此这般下去，她何时能长大？

此时，国家放开了一孩的限制。爸爸妈妈开始商量再要个孩子，爷爷奶奶大力支持，就剩下要做女儿的思想工作了。这件事情，女儿没有提出反对意见，她太孤独了，需要一个伴。

小公主降生了，一家人开始围着妹妹转悠，对大女儿格格已经不能兼顾了。再也没有了指责声，再也没有了埋怨声，一家人似乎平静得相安无事。

格格放下了手机，每天一有时间就守在妹妹身旁，像欣赏一件艺术品一样，怎么看也看不够。妹妹看到姐姐也会很兴奋、很快乐，手舞足蹈地就想跟她玩。

姐姐做什么，妹妹就跟着做什么，她可以高高在上地给妹妹教知识，内心充满欢喜地听妹妹一遍一遍用不太清晰的话喊着"姐姐"。她每次上学前总要跟妹妹打声招呼，一回家先亲妹妹一口，才去吃饭或者写作业。

爱，真是一件神奇的东西，总会创造很多意想不到的结果。

格格因为有了妹妹的陪伴，似乎一下子有了责任心。她开始学会打理自己，把自己的房间收拾得干干净净的，因为只有这样，爸爸妈妈才允许她把妹妹抱到自己的房间里玩。

格格学习的积极性也一下被激发了出来，爸爸妈妈再也没有督促过她的作业，因为她一回家就会一个人安静地在书房里写作业，写完就去陪妹妹玩。

她也学会了用心观察、留意身边的事物。她写的作文常常发表在学校的刊物上，一跃成为全校最让同学羡慕的偶像。

其实，弟弟妹妹何尝不是曾经的自己？

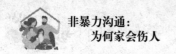

兄弟姐妹的陪伴让孩子跳出了唯我独尊的圈子，作为一个旁观者看世界、看父母、看自己，突然就豁然开朗、迅速成长了。

小 K 是三代单传，是一家人的呵护。

家人除了让他学习之外，什么家务都不让做，什么活动都不让参与，只盼他以后能学有所成。妈妈给他报了县城最好的六个辅导班，每周六从早上八点开始一直辅导到周日下午六点。

小小年纪的小 K，咋那么听话、那么喜欢上辅导班呢？他能顺应家人的要求参加这么多辅导班，只是因为他可以跟表哥在一个班级。

表哥只比他大半岁，却在家里有着充分的自由：可以无所顾忌地吃喝玩乐，可以左右自己的作息时间，可以跟小伙伴看电影、泡网吧。

在这种自由的对比下，小 K 觉得家人对他的爱是一种伤害。他羡慕表哥的自由，他渴望自由，于是他把自由都挥洒在家人看不到的课堂上。

每次上课，先是一阵懒散的脚步声，才看到两张大脸闪进教室。他们来时上课铃声已经响过，同学们都做好了听课的准备。大多时候，他们都是一手拿油条，一手举豆浆，慢慢悠悠地进来。

同学们会喊："K哥和他的偶像来了。"

他听不见同学的嘲笑声，听不见老师的批评声，甚至把这些都当成一种骄傲。同学们还送给他一个新的名字：油条哥。

而他最爱的是打游戏，一下课就开始打"王者荣耀"或者"吃鸡"游戏。一群孩子围着他，看他在手机上快速敲击，听他说着一些流行的脏话。他很快超越了表哥在班级的地位。

老师给他做思想工作、让他叫家长，根本无济于事，他甚至矢口否认自己玩游戏。他在家里总是一副认认真真学习的样子，老师再叫家长，家长总推托说太忙。

但是考试成绩是瞒不住人的，小K从原来的全年级前十名，一下退步到了300名开外。最可怕的是，在老师宣布成绩的时候，他毫无愧色，从他的眼睛里已经看不到光彩，只有一脸的迷茫。

爸爸妈妈再也不能控制自己的心情，把所有的爱一刹那变成了简单粗暴的批评，变成了拳打脚踢的家暴。小K战战兢兢，已经有些迷茫的他开始变得抑郁，往日从游戏里找到的兴趣和自信也消失殆尽。他沉默寡言，迷失在十岁前后的童年，找不到向上的路，找不到人生的目标。

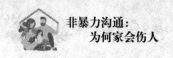

他发誓，如果再有人辱骂他，他就跳楼，他甚至做好了离开前的各种准备。

这个坏消息在某一天确实到来，人们都在惋惜一个本来可以非常精彩的生命，却很少有人敢把这件事拿出来分析其中的原因。

当父母看着他留下的纸条，才痛彻入骨地明白：有种陪伴是伤害。

能使兄弟姐妹共同成长的陪伴，必然是以爱为底色的。

这种陪伴可能是一股清流，清心润肺，让他们快乐成长；也可能是一股浊流，云遮雾绕，让他们迷失方向。就像可怜的小 K。

陪伴固然重要，但只是外因，切不可把伤害种在心田。

当知所有不好的影响都能成为成长的磨脚石时，记得坚持自我，坚持美好，才可能找到前进的方向，找回自己的价值，逾越所有冬天的寒冷，在春天里美丽绽放。

/ 第三章 /

抚平玩伴留下的创伤

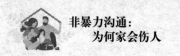

第1节　无人陪伴，也能让孤独开成花

亚里士多德说："喜欢孤独的人，不是野兽便是神灵。"

第一次读到这句话，看到了"野兽"二字，你恐惧、你担忧，因为你有一个孤独的童年。

你以孤独为耻，你认为自己无法走出孤独，你企图逃避孤独。后来，你才意识到还有另一个无比美好的词儿存在：神灵。你独享的孤独，或许就是神灵的安排。

你全面奋力地拥抱了孤独，最后惊喜地发现：走过孤独的沼泽，就拥有了一片崭新的天地。

回忆童年，小佐的眼前是一条黑暗的隧道。不知道什么时候，她被贴上丑和笨的标签。

长相丑。

小小的眼睛，要命的是嘴巴偏偏很大，厚厚的嘴唇还有点儿外翻。调皮的男孩子说，这样的嘴上能搭个草圈了，养啥都行。每次照镜子，小佐都异常生气：不漂亮也行啊，最起码是个普通的样子。丑就丑吧，咋还偏偏丑得那么奇怪。

衣服丑。

妈妈本身就不爱打扮，当然也顾不上给小佐打扮了，衣服都是表哥表姐穿过的。妈妈给她做的唯一一件新衣服也是打算穿好几年的，穿在身上就像挂在衣服架子上。上学时戴着妈妈的灰色丝巾，常常能拖到脚下，走路时好几次自己把自己绊倒了。

身材丑。

小学五年级的时候，班里的同学都发生了变化，个个都像雨后春笋一样蹿起来了。可小佐呢，就是不合规矩地横向壮大起来，小短腿、大屁股。那时候她很自卑，总是躲着人，好像谁都是她的一面镜子，都能照出她的丑陋。

还有声音丑。上天给她一副男孩的声音，沙哑且粗糙。

她拒绝照镜子，眼不见心不烦，有多丑反正自己也看不见。她还有点儿破罐子破摔的架势，不打扮自己，拒绝接受自己，逃避自己。

可别人不会视而不见。有人纳闷地问她："你的嘴唇怎么往外翻？"这是善良的小伙伴压抑不住心里的好奇。

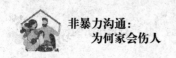
有人戏谑她："嘿，你的眼睛为啥那么小，是不是真的眼小聚光，能看到十万八千里？"这是不友好的家伙将满满的讥讽直接泼过来。

"大嘴！大嘴来了！"只要她参与小伙伴的游戏，男孩子就冲她大叫。

这些人在她的记忆中已经逐渐淡化了，但只要想起村东头的男孩，她的小腹就绞得疼痛。

那是一个圆脸、圆眼睛、圆身材的男孩，他爸爸是镇长。他喜欢在家里打沙袋，小伙伴一起玩，只要小佐在，他嘴里喊着"左勾拳，右勾拳"，一拳一拳猝不及防地就落在小佐的肚子上，一群孩子围观起哄。

回到家，妈妈问她的眼睛为什么又红又肿，她抱着院子里的树转圈圈，不出声。她知道自己在外面受了欺侮，被妈妈知道了会再挨一顿打，妈妈只会说："你是不是做了什么，难道他是疯子会无缘无故打你？离他远点儿，有时间把学习搞上去。"

她每天低头看着自己的脚走出家门，再低头看着自己的脚回到家里。在孤独中，她给自己找到了一个新的世界——皮影。

爷爷是皮影艺人。夏天的晚上，爷爷和她在蚊帐里做影子游戏，起先爷爷用手影玩，后来用皮影玩。她开始缠着爷爷教她刻皮影，她学着爷爷用小刀在牛皮纸上雕刻人物繁琐的衣服和头饰。

她被那些细腻精美的线条吸引，被有趣的故事吸引，这即将被人们遗忘的艺术给她带来了无尽的欢乐。她沉迷在崭新的世界里，逃离了小伙伴的圈子，不参与他们的游戏，不在乎他们的冷落。她只知道自己做的皮影越来越漂亮，她的学习成绩也越来越好，老师越来越喜欢她。

现在，她事业有成，拥有一座属于自己的影子坊。她的客商是世界各地的艺术爱好者，她是本地非物质文化遗产的传人，各所美院的大学生一到假期就到她的影子坊参观、学习。

只是，她从来没有参加过同学聚会，同学就传说她整过容。她知道，所谓的整容是岁月给的包浆，是用努力给自己开的光。

在无人陪伴的时候，让孤独开成花，照亮自己也照亮别人，这就是孤独的意义和成长的价值，而不是沉湎在过去的伤痕里自怨自艾。

倘若我们的童年不是那么无忧无虑，我们要做的不是抱怨、不是指责，而是尽力让自己成长。让自己从黑暗走进明亮，无条件地接纳自己，与过去和解。

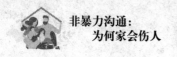

　　我平生唯一一次进监狱的经历，是受邻居阿姨之托去看望她的儿子——她委托我给服刑的安琦送几件衣服和一些生活用品。

　　安琦是我以前的邻居，记忆里他是个性格软弱的男孩子。记得二年级的暑假，安琦妈妈给我们几个小朋友教学古诗《画》："远看山有色，近听水无声。春去花还在，人来鸟不惊。"

　　安琦妈妈问："画上的水有没有声音？"

　　"有。"安琦自信地回答，我们都诧异地看向他。

　　妈妈又问第二遍，他还是同样的回答。妈妈生气地提起他的耳朵，让他听听画里的水到底有没有声音。

　　他依旧说："有声，水字是三声。"

　　我们哄堂大笑。

　　"哎呀，你这孩子又软弱又笨！"妈妈恨恨地说。

　　小学四年级的时候，我转到了城里读书，多年没有跟安琦联系过。后来，听人说他在一次街头打架斗殴中因故意伤害罪被判三年。

　　我和安琦在接待室见了面，他讲了自己的一些经历：

　　"本来家里的一切都好好的，可是爸妈在我小学四年级的时候出去打工了，把我留给年迈的奶奶，这是我人生最孤独的转折点！

　　"村里的小朋友也有自己的圈子，有几个大孩子经常让小孩子从家里偷东西、偷钱给他们。我家里穷什么也没有，渐渐地，他们开始不喜欢我、孤立我，说我的坏话。

　　"奶奶的年龄大了，我在外面受了委屈一般也不跟她说。他们看我不反抗，变本加厉地欺侮我，用烟头烫我的手，从窗子给我的被褥泼水，翻过院墙偷我家下蛋的鸡。我生活在屈辱和孤独之中。

　　"我告诉自己，他们不跟我玩，我就自己一个人玩，可是有时候还会不由自主地凑过去。结果，他们往我的耳朵里滴风油精，这次，我愤怒了，回到家抄起一条板凳对准一个人死命砸过去！

　　"我开始玩命之后，在他们的眼睛里看到了恐惧。打那以后，我养成了喜欢替人出头打抱不平的性格，这次打架，就是受人唆使被人利用把自己害了。现在，我谁也不相信，也不敢相信，没有朋友也没有明天……"

　　听完安琦的话，我极力安慰他，答应他下次来带几本书，相信他通过努力可以减刑。

　　成长中，我们无法决定会遇到怎样的难堪与痛楚，可我们有选择如何面对的权利，即使最终无奈地直接以暴制

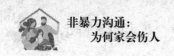
暴，也终究会堕落为暴戾之人。

不是所有的童年都会无忧无虑，总有一些哭泣在无人知道的黑暗里。可是，我们依然可以寻找光源，沿着光的方向往前走。

《雾都孤儿》里在贼窝中长大的奥利弗，因为坚持善良而最终获得命运的眷顾。要坚信，就算童年有伤，我们也依然有机会获得幸福和成就。

决定我们人生方向的不是过去，而是现在。从现在出发，创造人生的拐点，未来就在自己的努力里，幸福就在自己的手里。

第2节　一个人的舞台，曲调都由自己

有人说，幸福的童年可以治愈一生，也有人用一生去治愈童年。说到底，童年经历是一个人对社会的初步认知和对未来的导向。

大家都有各自的童年经历，或阳光或阴霾。"我命由己不由天"，有时候，后天的努力与选择能够帮助人们走出童年笼罩在性格里的阴影。

相信爱，相信被爱，不轻易放弃，不轻易悲观。无论童年发生了什么，都是一份特殊的礼物。

当我跟大家一样，仰头注视着台上侃侃而谈的杨靓老师的时候，大脑里冒出一个问题：完美的鹅蛋脸，完美的身材，完美的眼睛，完美的口才。世间竟有这样完美的人？

她神采飞扬，词汇的河流、思想的瀑布从她的唇间奔腾而下。

演讲结束了，我跑过去找杨靓合影。当她热情地向我伸手出来时，我的心"噔"地沉了一下，她的左手小拇指是一个1公分左右的矮桩。我心里一阵痛惜，原来她不是看起来的那么完美。

熟悉之后在一起聊天，杨靓注意到我留意她的手指，她握着自己的手，笑着说："这个断手指，是上帝给我的特殊礼物。"

看到我纳闷的神情，杨靓接着说："小时候跟村里一个调皮的男孩在电锯跟前玩，他手长拉下了电闸，锯掉了我的一根手指。"

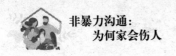
　　"啊！"我实在无法想象，阳光时尚的她有那么一个至暗的童年期。

　　杨靓坦然地笑笑，接着说："小时候，我的确不能接受，小伙伴叫我四指，跟我玩的时候，眼睛就盯着我那只奇怪的小拇指。

　　"惹祸男孩的爸爸是村干部，我爸爸是农民，在给我看病和赔偿的问题上，两家大人有纠纷，男孩就号召小伙伴不跟我玩。刚开始我非常伤心，怎么这么不公平，明明是他闯的祸才让电锯切断了我手指，为什么还要欺侮我？有时候我也恨爸妈软弱，女儿受了伤还要受外人欺侮。

　　"他们不跟我玩，我就自己一个人玩。我在孤独中找到了一个好朋友——书籍。我想尽办法搜集书籍，《儿童文学》《少年文艺》《民间文学》等等，搜到什么读什么。书籍为我打开了世界的窗口，我像插上了翅膀，从小小的村庄飞到了广阔的世界。在读书中，我认识了躲藏在密室中的安妮，她利用写日记打发寂寞的时光。我也开始写日记，写日记成了我最早的创作。

　　"后来，我考取了师范学校，读书也让我改变了对遭遇的看法：小时候，手套在我们农村是奢侈品，因为手术后要保护断指，妈妈给我戴上柔软的手套，吸引了同学们羡慕的目光；在学校，老师会对我多一份关心，给我更多的鼓励；结婚后，老公承诺要照顾好我就自觉承担了家务，我有更多的精力和时间放在工作上；在单位，我的断指给了领导和同事们一种优越感，他们也认可了我的努力。就这样，我在自己喜欢的工作中付出并快乐着，得到了周围人的支持。

"所以，我的断指是上帝给我的特殊礼物。那个闯祸的男孩，我已经从心里原谅他了，我的人生我选择，我走出了自己的路。"

她的眼睛里闪着真诚的光芒，美丽的睫毛一闪一闪的。我被深深地打动了，这是我对残缺听到的最好的解释。

人生，归根结底都是一个人的舞台，曲调都由自己弹。基调是昂扬向上的进行曲，你就一路风雨一路歌；基调是哀怨忧伤的哀歌，你的一路就注定是雨打风吹。

惠儿是一个美人，可她的眉宇间总是锁着一股哀伤，说话欲言又止，一副琼瑶小说女主人公哀怨的样子。

"看我这人笨的。"这是她的口头禅。

"不知道我做得对不对？"这是她的常用语。

有一次她对我说："我这半辈子都是被情绪拖垮的。"

"可是，你的情绪包袱从哪儿来的？"我很不解。当

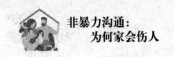

她说出"恐惧的童年"时，我更纳闷了："你是爸爸的小公主，为什么会有童年的恐惧？"

惠儿开始走进她的回忆里："爸爸把我当作掌上明珠，无论走到哪儿都把我带在身边。五年级时，他因为工作原因要去乡镇上班，就把我也带过去了。爸爸和妈妈不和睦，但是非常喜欢我，把我带走之后，他就基本不回家了。

"我成了乡村里唯一的城市孩子。上街的时候，孩子们的目光都会或明显或偷偷地盯着我。尤其是男孩子的目光，有的是好奇，有的是探索，还有些大孩子的眼睛带着邪意让人害怕。

"没多久，爸爸不在家的时候，我们住所的院子里就经常有东西出现，有时候是一支钢笔，有时候是一个笔记本，还经常有裹着纸条的小石子从院墙外飞进来。我非常害怕，妈妈不在身边，也不敢跟爸爸说。

"上课时，前面的男生不停地回头看，老师总是提醒和批评。一放学，男生总是围着我家转，有几次还打群架。爸爸发现了，让我要自重一些，不要理会那些男生。爸爸是个追求完美的人，平时工作忙，从小对我的要求就非常严格，总是说我这儿没做好、那儿没做好，不如别人家的孩子好，所以我很早就失去了同龄人的快乐。

"书包里每天都有莫名其妙的纸条，我不堪困扰，就把纸条交给了老师。那个年代，早恋是大逆不道的事情，老师调查半天叫来了一名同学的家长。那家长勃然大怒，当众打了孩子一顿，把男生领回了家。

"第二天，我在书包里摸出一把刀子。第三天，我的新军用书包不翼而飞。我再也不敢跟老师说了，每天在提心吊胆中生活，哪有心思学习，成绩一落千丈。

"爸爸对我完全失去了信心，觉得我伤透了他的心。初中毕业后，因为没有考上重点高中，爸爸更是对我失望至极。后来，我勉强上完技校就匆匆上班去了，为了逃离爸爸也是匆匆结婚。"

生活就是这样，当你是一棵树的时候，人们把你看作一道风景。可当你是一株草的时候，人们就会随意践踏。

生活需要勇气，成年人的锅不能一味地让童年来背。不能从过去的阴影中走出来，又怎么能够面对未来？

每个人身上都有一些无形的枷锁，那些都是过往的经历与创伤加在我们身上的，可能会禁锢我们的心灵。童年生活会对人的成长打下烙印，但这个烙印不是不可磨灭——我们可以自己打开一扇窗，辟出一条小路。

只有向过去告别，才能迎来新的自我。

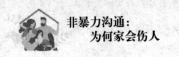

第 3 节　被无数玩伴跨过的木马，也能唱出自己的歌

泰戈尔说：世界以痛吻我，我要报之以歌。

回望童年，一群玩伴跨在木马上带来的欢乐和烦恼都已随风远去。然而，因为种种原因，你内心的一些伤痛还蛰伏在某处不能触动，或者不敢去碰触。

有人说，时常被接纳，在幸运中学会了关爱；时常被嫉妒，在伤痛里可能变得丑陋。其实不尽然，身处关爱里，有人可能变得自私；总是被拒绝，也可能促使人变得坚定。

生活的决定权，永远在自己手中。

芸彩是我见过最安静的女子，中年已过，模样依然青春。她做过工人、记者，现在在当地文学圈混得风生水起。从她身份的不断变化上，我们不难看出她的坎坷和不息的奋斗历程。

一路走来，她的确闪闪发光，让人嫉妒。

我有幸对她进行过一次采访，从她的直率、坚强里，我读出一种来自心底的力量，就像梅花，俏丽中蕴藏着一股倔强和淡远的清香，朴实里闪烁着一种华贵的光芒。

"其实我还算幸运。"她笑着说道，"没有嫁给初恋，嫁给了喜欢文字的军人，儿子大学毕业后在中学当语文老师，一家人都与文字有着不解之缘。"

我赞叹："你真是生活的宠儿，让我情何以堪。"她说："其实，我遭遇过来自玩伴的嫉妒和排挤，是文学拯救了我，最终让我走出来了。"

随着芸彩的讲述，我不知不觉走入了她曾经生活的小山村。

父亲是教师，当时她家比较富裕，她又生得漂亮，吃的喝的穿的都超过同村的小伙伴，是典型的小公主。

然而，伤害就在这看似美好的一切里，淡淡地漫开，玩伴在有意疏远她。

事情的起因是一条花裙子。小伙伴玲儿看上了芸彩最喜欢的花裙子，玲儿的母亲就来借，理由是走亲戚。芸彩虽然心里老大不愿意，但无奈母亲已经答应了。

开始，玲儿还跟芸彩交好，有说不完的蜜语。后来，芸彩向玲儿要衣服，她说洗了就还，可就是不还，后来索性躲着芸彩。芸彩找母亲去要，母亲反而批评她。

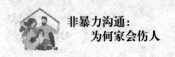
喜欢的东西被别人"掠夺"，幼小的芸彩心里有一百个不愿意。

玲儿从此不但不理她，还跟全村的小伙伴说她小气。就这样，芸彩被孤立起来，没有一起做游戏、跨木马的快乐了。小广场上，曾经的小伙伴骑在那只木马上，欢歌笑语的，芸彩只能躲在树后远远地看着。

芸彩无法向母亲哭诉，也没有谁愿意听她的诉说。

每天放学，她要么早早回家，要么很晚才走，免得路上遇见她们。再后来，她索性每天绕远路到邻村去玩。

芸彩说："当时的确很难受，但是我学习优秀，也会讲故事，老师和同学都喜欢我。她们不让我跨木马，她们走了后我一个人玩，还没人跟我抢，快乐照样没有少。"

我插了句话："真是一帮熊孩子。"

"已经过去了，只是那时候觉得挺委屈的。"她接过我的话，"长大了，伤口也就慢慢愈合了，能接受这个现实。不过，我现在还要感谢她，如果没有那些伤痛，就没有我后来的拼搏。所以，所有的经历都是一种财富。"

是的，芸彩后来的故事，我在她的文章里读到了。幸亏有文字温暖她的灵魂，她说文字里有她的灵魂，灵魂安放好，身心俱安。

　　要相信，被无数玩伴跨过的木马，依然能唱出自己的歌。只要你勇敢去追，孤独也能酿出香甜的蜜。

　　罗曼·罗兰说："累累的创伤，就是生命给你的最好的东西，因为每个创伤上面都标志着前进的一步。"

　　H和我一起长大，现在我已经不知道他在何处了，因为有一年他把自己弄丢了，就再没有回过村里。

　　H是双胞胎，还有一个弟弟，只是他生来右手有六根手指头。两人的性格截然不同，弟弟活泼能说会道，H反应迟钝。

　　有人说双胞胎很多地方相似，有默契。但是这一对兄弟不同，不由得我把思考方向投向身体的残缺。

　　当然，有很多身残志坚的典型，他们活出了令人夺目的样子，让人敬佩。事实上，很多身体有缺陷的人，依然没有走出别人异样的眼神，比如H。

　　H的父母很爱他，小心地呵护他。然而一起长大的玩伴却不懂得，他们直率地嫌弃他长得难看，嫌弃他笨拙。

　　小孩子尚且知道"棋逢对手"的感觉爽，他们喜欢挑战，喜欢跟优秀的玩家对垒。H笨手笨脚的，便经常被排斥在圈子之外。

　　每当这时侯，我注意到H的眼神黯淡，默默地走开。

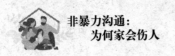
然而，事情并没有因为他的走开就结束。

我们一群玩伴自顾快乐地跳格子、玩弹珠，H 就是空气一般的存在。我有心拉他一起玩，也不敢言语。

他弟弟似乎也不大理他，不知道是嫌弃他丢人，还是自己玩得忘乎所以。偶尔会有人记起他，斜一眼，悄悄对我说："看，六指儿！"

我觉得自己的好奇大于同情，我想看看那多出来的手指头到底是长什么样子的。我觉得这种想法有些阴暗，不敢说，我更觉得亲自去查看第六根手指头的做法太过残忍，终于没有吭声。

我相信，H 一定经历过被强迫查看他那"六指"的样子。我想，他的心里一定充满怨愤与无助。

H 就这样每天生活在围观里，似乎圈子在身旁，弟弟在身边，可他感觉很遥远。他更加自卑和懦弱，甚至自闭。

他父亲曾几次到我家谈论过 H 的情况，很为难，不知道该怎么办。我母亲也多次劝他好好爱护这个可怜的孩子，但是他们最终都没有找到可行的办法，只是在生活上给予他更多的关心。

后来，H 的父母怕他在学校受欺负，没让他上学，把他养在家里。

H，就这样慢慢被我们淡忘了，直到有一天走了很远的路，不知道走向哪里，我至今再也没有他的消息。

后来他父亲说，老天对他太不公平，他和弟弟一起来到世间，但比弟弟多长了一根手指头，性格没有弟弟活泼，老天也没有赐予他比别人聪明的大脑。

孩子的世界是洁白的，是什么让他们变得如此冷漠，不能给予一个身体残缺的孩子一点点温暖呢？

如果 H 遇到一位心理辅导老师，或者父母送他《钢铁是怎样炼成的》《自卑与超越》等书籍，如果他的父母不让他辍学，他也许会遇到拯救他人生的老师。

太多的如果，不能改变他悄然逃离的结果。

人，不能脱离群体生活，更不能没有精神生活。如果社会是一块木板，人就是一枚钉子，无论木板多么坚硬，钉子也要努力找到自己的立足之地。木板可以没有钉子，依然不失其价值；钉子失去木板，就失去其价值了。

当你被疏远、被孤立、被拒绝时，不要灰心，要记得，当上帝为你关上一扇门时，一定为你留了一扇窗。一定有更加适合你的圈子在等你加入，你要做的只有一件事，就是成为更好的自己，寻找适合自己成长的土壤。

你若盛开，蝴蝶自来。

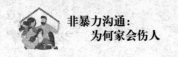

第4节　我很好，会自己跟自己捉迷藏

　　心理学家阿玛斯提出的"坑洞理论"，指的是你已经失去联系的某个部分，也就是你无法意识到的某个部分。从最根本上来看，我们真正丧失的其实是我们对本体的觉察，而坑洞往往源于童年的创伤。

　　童年时期，玩伴所带来的伤害可能会导致你自卑、愤怒、自暴自弃，抑或是奋发向上、积极进取，所有的这一切都取决于你自己对这段伤痛的理解。如果学会了跟伤痛捉迷藏，学会用温暖来拥抱悲伤，那么，你会在平凡的人世间获得幸福。

　　初夏的早晨总是让人十分欢喜，高高的蓝，矮矮的绿，甚是舒服。

　　"小二，准备吃饭了。"我正在院子里锻炼，听到了隔壁阿姨的声音，她的嗓门远近闻名。小二是他们家的二儿子，原名姜宇，只不过大家习惯叫他小二。

"知道了。"一声又高又尖的回应。小二跟我同岁，但他的音色却缺少了男孩子变声所带来的磁性美，这归因于他八岁时的一场意外。

当时跟我同龄的一共有八个人，我从小在外求学，一周回来一次，与他们渐行渐生疏，这种生疏感一直延续到现在。他们七个人每天在一起读书、玩耍，形影不离。

村里四面环山，几个外地人开了个石场，但因效益不好倒闭了。但这废弃的石场，成了村里孩子们的"秘密乐园"。

那年的初秋，村子里一如既往地弥漫着丰收的喜悦。有人提议去"秘密乐园"，小伙伴犹豫了片刻，欢呼雀跃地奔向那个神秘的地方。

正当他们玩得不亦乐乎时，忽然间乌云密布，狂风大作，豆大的雨点狂轰滥炸席卷地面。他们在往山下跑的过程中，小二不慎摔倒，其他人边跑边喊："小二，你快点儿。"小二在泥淖中挣扎了好久，但疼得站不起来，骨折了。

骨折是很常见的事，很不幸的是，他的膝盖无缘无故地开始肿胀、疼痛，家人开始四处求医。谁承想，辗转几年，小二还是坐上了轮椅。

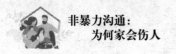

在村里人看来，同伴的忽视导致了小二的瘫痪，从那之后，不知是出于羞愧还是出于家长的劝诫，同伴们再也不敢跟他玩了。

闭门不出的小二并没有因此而自卑，虽然错失了上学时的欢乐时光，但他总是积极乐观地面对人生。

小二的父亲是个捏骨匠。小二知道自己无法站起来后，主动向父亲学习怎么捏骨，手法学得很到位，但因使不上劲儿，效果并不怎么好。

后来又兴起了电脑，男孩子对电子产品还是有骨子里的热爱，小二开始琢磨电脑的使用，又注册了淘宝店，卖起了家乡的特产。

慢慢地，村里人有什么不懂的都会跑到他们家咨询，小二成了村里的"小能人"。

现如今，长大后的我们忙于工作、忙于家庭、忙于自己的生活，终究还是忽视了他、疏远了他，但他自己却活出了不一样的人生。

他学会跟自己捉迷藏，学会摆脱自卑，学会享受孤独。他虽没有将学业进行到底，但那颗慧心不会被埋没，那颗热爱生活的心在炽热地跳动着。

你听，隔壁又传来了欢声笑语……

　　小二的遭遇让人痛心，但他没有因为玩伴的离去、自身的经历而郁郁寡欢。相反，他努力地生活着，他成了自己的好朋友，成了大家的好朋友。

　　笑对生活的人，生活不会亏待他。

　　纷纷扬扬的雪花在空中肆意飞舞，银装素裹的世界总能给人一方宁静。

　　我坐在书桌前正在练字，电话响了。电话那头，母亲说着村里最近发生的事情，聊天中，母亲提到村里的小虎最近失踪了。

　　听完，我满脸惊讶。放下了电话，放不下曾经。

　　小虎是远房亲戚的孩子，印象中，他长得很敦实，但生下来歪脖子，这着实给了这个家庭重重一击。因为奇怪的长相，小虎没少受到伙伴的嘲笑。

　　在上学之前，孩子最爱玩的游戏莫过于"捉迷藏"。

　　在玩之前，他们常常会划定范围，然后用手心手背来决定谁是"警察"、谁是"小偷"。小虎往往是"警察"这个角色的固定人选，为此他很高兴，因为他觉得"警察"这份职业很光荣。

　　在游戏的过程中，小虎总是认真地跑来跑去找藏在犄角旮旯的小伙伴，即使满头大汗也掩盖不了他的兴奋，但

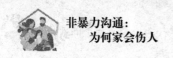

结果总是事与愿违。

后来他才知道，那几个小伙伴在游戏开始的时候就相约跑到其他地方玩，扔下他一个人像傻子一样在那个范围卖命地"配合演出"。

就这样，日子一如既往地过着。小虎那矮小健壮的身体，只能无奈地与那个歪脖子一直别扭地相处着，而他变得越来越沉默寡言。

小虎没考上高中，就选择了去外地打工。后来听说，他因为踏实能干、吃苦耐劳，受到了老板的赏识，挣了不少钱。

有一年过年，一辆白色轿车耀眼地停在了他家门口，村里人都投来羡慕的目光，小时候嘲笑他的伙伴嘴里念念有词："'小歪脖'这些年混得不错呀！"

而后，那几个儿时总戏弄小虎的伙伴，时常去他家，要不一起喝酒，要不一起打麻将，关系好得犹如手足。而小虎很享受曾经看不起他的那些人对他投来的敬仰目光，他先前所受的冷落与白眼得到了莫大的满足，从那之后，他明白了一个道理：钱是王道。

年后，小虎满怀抱负地踏上了挣大钱的路上。

再次听到小虎的消息，不禁让人哑然失笑。回到公司后，小虎开始溜奸耍滑、投机取巧，已然没有先前的踏实，他在想方设法地赚更多的钱。机缘巧合之下，他认识了Z，Z对他说有更容易的赚钱渠道，他信以为真。

但小虎压根儿没想到，这个人会让他的人生发生天翻地覆的变化，他被卷入传销组织，与外界失去了联系。

小时候，同伴的嘲笑、忽视和孤立在小虎的心里埋下了坏种子，那时候无法选择，但长大后他有能力选择将这颗坏种子连根拔起。遗憾的是，他并没有这样做，没有学会跟自己捉迷藏，就无法正确地面对所遭遇的痛苦。

小虎的一生都在努力，但一生都是为了证明给别人看，这样的人生或许会有辉煌，但终究还是弄得自己遍体鳞伤。

没人跟你玩时，你会对自己说："我很好，我可以跟自己捉迷藏。"倘若纠结于别人是否参与而不能离开，你的生活将被碾成一地粉碎的鸡毛，在这一地鸡毛中就会迷失自我。

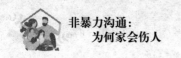
第5节 守住梦想，你也有自己的天

不要让孩子输在起跑线上，是很多家长的心声。

起跑线是什么呢？如果出身、相貌和智力都算的话，你恰好是那个输在起跑线上的孩子——曾经的伙伴，风一样奔跑在你的前方，只留下冷眼与讥讽陪你在原地凌乱。

拯救你的，只有梦想。

守住梦想，一点点向着阳光攀爬，你终究可以看到自己的蓝天；放弃梦想，一步步朝着自卑靠拢，你只能跌入悲哀的牢笼。

有人说，人生最大的幸福就是能够实现两个一致：兴趣和事业一致，爱情和婚姻一致。正值青春的高欢就享受着这样的幸福，喜欢弹琴的她成了一名音乐老师。

看高欢的朋友圈，满满的快乐扑面而来：市跨年音乐会上，她一袭红裙，行云流水地独奏；校园的草地上，她教孩子们快乐地唱歌；省市区校，不同级别的一张张荣誉证书，见证了奋斗的青春，书写了师者的美丽。

对高欢来说，这样的幸福来得太不容易。

六岁之前，大人眼中的高欢，并不出众——身材瘦小，小鼻子、小眼睛，微黄脸色，这长相拿什么词来夸？

六岁之后，大人眼中的高欢，前景堪忧——从第一次考试开始，她的成绩就稳居全班倒数几名。

自从有了分数和排名，高欢就一直处在鄙视链的最下端。从家属院到学校仅仅三站路，但她走得很煎熬，看着同伴们又说又笑，她不敢靠近，她们不屑的表情、讥讽的话语像一根刺毫不留情地逼过来。

小琼说："分数那么低，你确定天天都来上学了？"小洁说："你难道比我奶奶记性还差，老师说的话你全都忘了？"小莉说："你的脑瓜是榆木做的？"

高欢努力过，有几次到了晚上八九点钟，她捏着那张翻来覆去也搞不定的数学题，满怀希望地去找楼上的小琼。轻轻敲门，里面传来小琼爸爸的声音："回去吧，小琼已经休息了。"

小小的高欢是压抑和自卑的，在院子里低眉顺眼，手脚局促，身影静悄而孤单。带给她快乐的唯有琴声，音乐老师的琴声响起，她的心儿就会轻盈起来。

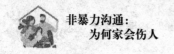
高欢的父亲得过小儿麻痹症，腿一瘸一拐的，勉强在学校做打字工作。母亲没有学历，开着一家小小的理发店，买钢琴对他们家来说是笔不小的开支。不过，父母还是四处筹钱，高欢上三年级时钢琴终于买回家了。

听说高欢要学钢琴，小琼一脸的不屑："你确定自己是学钢琴的料？"小洁撇着嘴："你爸爸花那么多钱买钢琴值得吗？就你那笨脑瓜儿，想当钢琴家？"小莉笑得喘不上气："要我说啊，你费什么劲呢，跟你妈妈学理发多好啊，自己做老板娘。"

练琴时，高欢也是一只小蜗牛，短短的三行谱子要练上好几个星期。她弹奏完毕，老师就用红笔在谱子上密密麻麻标注了 N 多个圈，每个圈都填满了大大的失望。

半年后，老师终于忍无可忍，对高欢说："学琴的费用这么高，你家条件又不太好，爸爸送你学琴很辛苦，你学得也这么吃力，何苦要这么为难自己呢？不如你停上一段时间，想好了再来上课。"

可高欢有一股子倔劲，放学后先弹琴四个小时，再复习功课写作业。日复一日，她的琴声越来越像模像样，越来越有味道。

琴声飘过四季，伴高欢走出了童年的阴霾。

不知不觉中，高欢出落得苗条动人，举手投足间落落大方。大学期间，她在班级最好的成绩是第一名，最差的成绩是第四名。大三那年，她在音乐学院开了一场个人钢琴独奏会。大四那年，她的钢琴老师开个人专场音乐会，她是唯一被邀请的合奏者。

终于站上儿时梦想的舞台，拥抱高欢的不再是轻蔑的眼神。

大学毕业，高欢以扎实的文化知识、精湛的专业水平顺利地通过招考，成了受人尊敬的老师。

在快速前行的人群里，如果你是一只被嘲笑的小蜗牛，请不要忘记带上梦想，执着前行！

嘲笑像一把尖刀，你是在它面前软弱地哭泣，任由它伤得你体无完肤，还是借它坚强地攀登，刷新人生的高度？软弱和坚强之间，只隔着一个梦想。

大志小高欢几岁，是我们一中家属院的男孩子。

十年前，他住我楼上。搬家后，我偶尔回家属院访友，得知他中学毕业后竟然辍学了，现在无事可做，窝在家里跟奶奶一起吃低保。

听到这样的事情，我大吃一惊。大志是儿子小时候的玩伴，只是三年级之后再无联系，我们都奇怪他到底经历

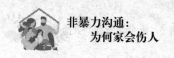

了怎样的挫折，以致如此不堪？

老友徐徐向我讲来。

小时候的大志可聪明了，有一次班级比赛珠心算，他还领回来一张奖状。大志说过，他以后还要拿很多的奖状，长大了要做科学家。

可他怎么就不好好读书了？现在又成天窝在家里打游戏呢？

大志是让他的家人给拖累了。大志读三年级的时候，学校家属楼陆续发现建筑质量问题，当年主管家属楼基建的是大志爷爷，大家各种猜疑冒出，大志爷爷的威信就一落千丈，院子里的人越发瞧不起这一家人了。

这些议论不知怎么的就被跟大志一起玩耍的几个男孩子听到了，他们看大志的眼神就多了不屑，说话的语气也多了嘲弄。

在院子里打篮球时，人多人少，大志都没有机会上场，捡球的事却由他全权负责——带他出来玩，已经给足他面子了。

玩累了，买几根冰棍，来几瓶矿泉水，这些活儿也由大志包了。

又一次被吆喝着去捡球时，大志跟一个男孩子吵起来。那男孩子的嘴里随口就冒出一句："贪污犯家的孩子，有谁愿意跟你在一起玩？你长大了，还不是跟你爸爸妈妈一样做个被人呼来唤去的临时工？"

被排斥的大志，在院子里就很少能看到他的身影了。彼时，游戏厅像雨后春笋般冒出，大志悄悄玩过几次，慢慢地，他成了游戏厅的常客……

爷爷患糖尿病自顾不暇，爸爸妈妈忙于经营自己的小生意没有时间管教，大志成了脱缰的野马，小时候的荣誉和梦想离他越来越远。

大志，只留下了名字上的荣光。志向宏伟，终成了痴人说梦。

决定我们人生的不是出身，而是努力的方向。我们遮不住自己的耳朵，拒绝不了刺耳的声音，完全可以左右自己的行为。

每个人的人生起跑线注定不同，但我们不能因此而停止奔跑。毕竟，有梦想，人生才有无限可能。

奔跑的路上，如果嘲笑铺天盖地而来，请毅然守护好你的梦想，有它在，再贫瘠的土地也会开花，再黑暗的长夜也会消散。

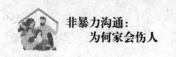

第6节 不一起犯错，就得承受孤独

你这样一个小可爱从天而降，选择了爱你的父母，却不一定能够选择一群同样可爱的玩伴。

很多年后，当我们已经成人，身上依然烙着儿时的伤痕，只是有人化腐朽为神奇，活出了精彩；有人近墨者黑而不觉悟，堕入了深渊。

一起犯错，也许能收获所谓的"友谊"；不一起犯错，就得承受孤独。你做何选择？当你回首往事，是庆幸还是悔恨？

愿我们每个人都能在生活的浪涛里不随波逐流，而被温柔相待。

仓里是给我很多启迪的师友，他研心为墨，用文字、用声音为平凡的生命注入鲜亮的血液，犹如一束光，照亮每一个角落的每一粒微尘。

他做事实在、用心，收获了那个领域里足够的奖项。儿子继承了他的优秀，大学期间就小有成绩。造物真是偏心，能力突出还偏偏颜值高，竟然汇集于一人。

这样的仓里，尽管年已半百，却依然浑身透着光芒，一经走过便使人不自觉地想要靠近，想把自己也修成内敛而矜贵的样子。

偶然的机会，我走进了仓里的往昔——

小时候，仓里特别调皮，念书不用心，尤其数学一塌糊涂，为此他没少挨批。

老师经常给他父亲告状。他自己也无奈，连加减法也算不好，就别提应用题了。

放学回到家，父亲吼他，越吼他越没有自信了。只是他写的作文特别优秀，语文老师很喜欢，伙伴们也喜欢听他讲故事。

童年像一首快活自由的乐曲，突然一个不和谐的音符来造访。

村里有个大孩子叫黑虎，生得壮实，身后有一帮跟屁虫，常常欺负弱小。因为仓里的父亲是学校校长，他们倒不会主动欺负他。那时，邻居有个小孩性格懦弱，他们常常捉弄他。

仓里每次看到这些心里就很不舒服，曾经私下劝过黑

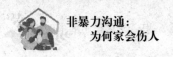

虎，但是遭到拒绝，甚至被他孤立。从此，他与他们井水不犯河水；从此，他只有自己跟自己玩了。

少了玩伴，生活少了很多乐趣。不过，仓里上树掏鸟的机会少了，读书写字的时间却多了。那时候，《少年文艺》《少年月刊》他最爱看，《牛虻》《平凡的世界》给了他寂寞日子许多慰藉。

后来，他高考失利，于是他一边打工，一边写文章。他独自忍受着生活的苦难，却不愿意像黑虎他们那样过日子。他的心灵被文字照亮过，他的胸膛被正气熏蒸过，他不甘心生命就这样无滋无味。

在父亲的鼓励下，他再次拾起书本，走进高考考场，最终如愿以偿地考上了大学。历经孤独，他更加自信坚强，淡定从容。

我问他："黑虎算不算是你童年的一道伤？"仓里说："我已经忘了，其实也不是忘了，是早已放下了。我很感谢他们远离我，给了我靠近文字的机会。"

我笑了，说："孤独是个好东西，你说话少了，是把想说的话借文字的形式表达出来了。"

物以类聚，人以群分。仓里觉得他跟他们不是一类人，有时候，一种选择就是一种人生。

毕淑敏说："人的创造和毁灭都是由自己完成的，人永远是自己的主人。即使当他在最虚弱最孤独的时候，他也是自己的主人。"

我们一生中会遇到一些意见不同的朋友，这很正常，但如果这些不同的声音违背了自己的价值观，我们要清醒地认识到它可能存在的伤害性。

有时候，承受孤独反而更容易使人沉淀，继而走近真实，走向优秀。

栗子和我在一个办公室共事，她的性格懦弱胆怯，虽有高学历却事业平平，且不求上进，生活窘迫竟自我满足。

每次大家聊天，栗子轻易不发言，如果发言就是随声附和多数人或者权威者的意见："其实，我也是这么想的……"以此求得大家的认同和关注。

她不是不懂得个性的光彩，她是讨好趋同，求取安分。

当然，有时为了一点儿面子，她也会辩驳几句，但多数都显得苍白无力，让人不大愿意跟她继续交流下去，似乎再继续就是欺负她了。

她似乎把自己包裹得严严实实的，不肯轻易袒露心迹；又似乎非常缺少安全感，生怕伤害了谁被反弹伤了自己。她看起来很孤独，又十分渴望被认同。

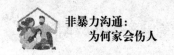

在家里，她没有什么地位，脾气又不好，婆媳关系也糟糕，婚姻几乎成为她的束缚。在外面，她活得小心翼翼，唯命是从，唯独不去取悦自己，自卑怯懦到觉得自己不配拥有美好。

我喜欢安静，很乐意做她忠实的听者，她看我便不同于别人。

一次，大家说起儿时的故事，大家都很开心，说那时候大人总是很忙，小孩子在一起割猪草、摔泥巴、互相掐架，真是很有意思呢。

说着说着，栗子又低下了头，似乎想起了什么，似乎想要掩饰什么。

后来她告诉我，小时候，巷子里跟她同龄的孩子有三个，她们一起长大、一起玩耍、一起上学。后来也不知怎的，她被她们排斥在外，上学不叫她，玩耍不要她。

她不知道为什么她们忽然变成了这样，要知道巷子里只有她们三个伙伴。老师知道后批评她不团结同学，她觉得自己很委屈。

过了一段时间，她似乎想起来了，她们仨一起去地里割猪草，她俩要么拔了人家的红薯苗看红薯长多大了，要么折断人家的玉米秆看甜不甜。回家后，妈妈让她不要自己手贱，被人知道了要被骂的。

自己不肯跟她们一样，自然就被疏远。

可她毕竟只是孩子啊，跳方格、跳绳、踢毽子哪能一个人玩？自己每每独来独往时，一种众叛亲离的沮丧和绝望就深深地攫住了她。

她默默地努力迎合着她们。跳绳时，她主动承担抡绳的任务；跳马时，她弯腰当马被骑——她只有一个愿望，就是有人愿意跟自己待在一起。

栗子曾说，哪怕违心她也不想一个人，太寂寞了。

每每目光落在栗子的身上，似乎都能看见一个怯怯的小女孩；每每听到栗子附和的声音，就有种深深的痛心感涌上来。

替别人着想没有错，但一味讨好他人、迎合他人，就可能会迷失自我。

人生就是一个不断突破和成长的过程，童年生活决定了我们生命的起点，但成长却是我们一辈子要为之奋斗的事情。

不要去一味躲避、埋怨或纠结，而是要学会放下，救赎自己。正确面对积怨，接纳事实，悦纳自己，不与伤害纠缠。

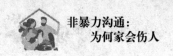

　　资深心理咨询师荀炎说：所谓放下，不是忘记怨恨，而是让自己内心的冲突有所和解，不再跟自己较劲。宽恕对方就是放过自己，与往昔言和。

　　愿每一个被排挤的生命都能被善待，愿孤独不再是精神的荒地，而是能用美好播种的田园。

/ 第四章 /

漠视身边大人无意的轻慢

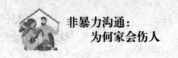

第1节　你没看见我，我得让自己发光

　　童年就如一段乐章，总有些不和谐的声音让你感到难过。只是，生活是自己的，尽管走自己的路，就不要太在意别人的目光。

　　"别低头，王冠会掉；别流泪，坏人会笑。"虽然不是每一个女生都可以成为女王，也不是每个男生都能成为国君，但是我们只要在自己的世界里，你就可以做女王、做国君。

　　晶晶是一名作者，我是在一次文友聚会时认识她的。她个子不高，衣服搭配合身又干练，给人的感觉很精神。主要是她的言谈举止和生活态度像一团火、一束光，让人不由得想走近她，跟她做朋友。

　　我主动添加了她的联系方式，没事时总会跟她聊聊。

　　其实在那之前，我就读过晶晶的很多文章，曾经有一篇文章写到了童年生活,怎么看感觉都不像是她自己的生活。后来无意间谈起,才知道她的童年也是充满荆棘的。

小时候的晶晶,常常被人嘲笑成"瘦猴""小不点儿"。别人笑她,她就反驳,嘴巴利索得很。晶晶说:"自己小时候倒是伶牙俐齿,还不怯生。"

在晶晶八岁时,因为爸爸的单位分房子了,全家搬进城里。可妈妈没有工作,一家人的生活并不宽裕。

晶晶家的拐角处有家商店,门口总坐着个胖女人,一脸横肉,看谁好像都欠她的。见到晶晶时,她总是斜着眼睛,嘴里还嘟囔一句"乡巴佬儿"。

大人有时真是奇怪。你就是有钱,也没理由看不起别人啊,别人没钱,你又不给。胖女人认为晶晶是乡巴佬儿,无非是因为她的普通话不标准,衣服不洋气。

每次经过商店的时候,晶晶都会扭过头快步离开。

有一次,无意中看到商店里摆了魔方,晶晶的眼睛一下子被吸引了过去。那时候刚刚流行魔方,班里有同学在玩,可是没有人能把魔方还原。晶晶觉得自己肯定可以,只是自己得有魔方练习才行。

不久,晶晶刚认识的好朋友笑笑将魔方借给了她。晶晶高兴地拿在手里,低着头边走边玩,一不小心撞到了那个胖女人的怀里,魔方掉在了地上。

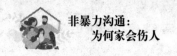

胖女人捡起魔方看了半天，非说那魔方是她店里的，因为她店里的魔方刚好少了一个。

晶晶气极了，跟胖女人吵了起来。

胖女人双手叉腰，大声叫嚷着："快来看啊，乡巴佬儿偷东西了。我就说嘛，乡下来的人就是没出息，没钱买就别玩了，竟然去偷！"

晶晶一把抢过胖女人手里的魔方，昂起头，说道："这魔方是同学借给我的，你别冤枉人。"

很快，周围便围了一群人，大家都指指点点的……

此时胖女人的儿子回来了，事情马上弄清楚了。原来是她儿子喜欢班里的笑笑，偷偷拿去送给了笑笑。笑笑跟晶晶又是好朋友，便借给晶晶玩。

胖女人的脸都气得扭曲了，拿起拖把就去追打儿子。

那以后，晶晶从商店经过的时候，胖女人都会不好意思地笑笑，院子里的人对晶晶的态度也变了很多。

那个学期末，晶晶得了张奖状。快到商店门口时，她故意把卷起来的奖状打开，双手捧着大摇大摆地经过。胖女人讨好地说："以后来阿姨店里买东西，给好孩子便宜一些。"晶晶听着，心里乐开了花。

似乎连晶晶自己都没有准确的印象，到底是从啥时候开始自己走路总喜欢挺直腰杆、昂着头。她只知道，从农村来的咋了？长得不高也不漂亮没关系，只要自己好好努力，同样可以活成公主。

"你看我现在的走路姿势，是不是感觉有点儿像骄傲的大公鸡。"晶晶在手机微信里发了一个大笑的表情。

我连续发了几个大拇指点赞，发自内心地为晶晶感到庆幸。是啊，晶晶用实际行动证明了自己，也向周围人证明了从乡下来的孩子并不比城里的孩子差。

晶晶从农村来到城市，从不卑不亢到骄傲生活，何尝不是用自己的勇敢改变了自己的生活环境，抹去了童年的阴影。

晶晶的童年生活是从农村再到城市，世俗的眼光难免会伤害到她。但是，她努力用自己的实际行动证明了自己，也为以后的路上洒满了阳光。

我们不能改变环境，那就努力改变自己。成长的路上，我们没有办法选择生存环境，但是可以努力让自己活成一束光。

白岩是我的同事。课堂上，他神采飞扬，古今中外纵横驰骋，枯燥的历史被他讲解得既形象幽默又容易记忆。

可走下讲台的白岩并不喜欢说话，跟同事之间几乎没

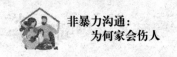
有什么交流，甚至大家觉得他有点儿木讷。因为探讨一节公开课的构思，我跟他聊了起来。看着他侃侃而谈的样子，我不由说出了大家的看法以及自己的疑惑。

白岩笑着说："其实我知道大家对我有看法，大家肯定觉得我是一个怪人，但是我也没办法，改不了了。"

白岩曾经也是个爱说爱笑、顽皮捣蛋的孩子，一切变化都源于十岁那年他的父亲出事之后。

因为帮领导篡改单位的账面数据，领导被革职，白岩的父亲也被带走调查。

自从白岩的父亲被带走，院子里的人看他们娘俩的眼光都变了，经常有人对着白岩指指点点："还真是看不出来啊，有人看着老实巴交的，谁知道还能干成大事呢，也不知道这儿子将来会不会也是那德行？"

因为邻居的嘲笑和指点，白岩每次回家都低着头，好像犯错的是他自己一样。母亲整天愁眉苦脸、唉声叹气，他就只能把自己关在书房里。

有一次白岩放学，母亲还没回家，他只好拿出试卷趴在外面的桌子上改错。一个人从他身边经过，忽然喊道："呀，这老子改数据，儿子改分数，真是亲生的啊。"

白岩站起来极力辩解，可是根本没用。院子里很快聚了很多人，这个一句，那个一言。

"真是有其父必有其子啊！"这是白岩当时听到最多的一句话，他被一群人围在中间，耳朵里全是嗡嗡的声音。

白岩傻傻地站在那里，一动不动，也不说话。直到他母亲回来，大家才散去了。

从那之后，白岩就不喜欢说话了。再后来，他们的住房也被收了回去，白岩和他母亲搬去了外婆家。

白岩把自己藏在书里，拼命读书，不去想以前发生的一切。以致后来，只有在谈论到历史、文学时，他才会放开自己。而对于周围的人和事，他都会把自己封闭起来。

童年的遭遇，我们无力改变，但我们可以改变现在的自己。白岩在周围人的冷言冷语中结了一只茧，将自己悄悄地藏在里面。他一直躲在茧里，最终没有变成飞蛾，也没有化成蝴蝶。

其实，无论是谁，管他是飞蛾扑火还是化蛹成蝶，首先自己得先从茧里冲出来。否则，你怎么知道自己是会飞的呢。

童年的你我，因为太过无力，无法应对人生；因为无人引导又不会避让，在生活中屡屡受伤。别人可以忽视、可以看不见我们，但我们得记着让自己发光。

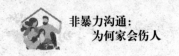
第2节　学习有点儿吃力，可我不会放弃

在学习的路上没有捷径可走，更没有投机取巧或一蹴而就，它需要我们用辛勤的汗水不断地浇灌，最终才能结出香甜的果实。即使天资平平的人，只要永不放弃，终有一日定会摘到那枚叫作"成功"的果实。

周恒是我的同事，她的专业能力强，待人热情，是大家学习的榜样。

一次，当一些老师开始吐槽班级中的学困生拖后腿时，周恒一本正经地说："我也是学困生。"话音刚落，老师们都面面相觑，纷纷说她过于谦虚。可是，周恒却认真地说："童年时期，我的的确确是一个学困生。"

接着，她便跟我们讲起她儿时的故事，我不知不觉走入她的童年时代。

从记事起，身边的人便将周恒跟"傻""呆"一类的字眼放在一起。

不仅旁人这样看，连周恒的奶奶也觉得她不如其他孩子聪明。每当周恒犯错误时，奶奶总会用怀疑的眼光打量她，嘴里还嘀嘀咕咕的，她那两只眼睛就瞪得像黑洞，以致奶奶竟喊她"暗空"。

这个绰号就像长了腿，跑进了家家户户。

一开始，当她听到别人这么叫时很委屈。可是，当她端详着镜子中的自己，她发现那双深邃的眼睛不但不丑，反而像夜空的星星那般明亮。

"要是能早一点儿上学，我一定会让他们刮目相看。"周恒暗暗想着。

终于上学了，可她又被拼音难住了。一开始，两拼音节马马虎虎还会拼，可当声母、韵母和介母一起出现在她面前时，她就乱了阵脚。

周恒不仅学习吃力，连动作都比别人慢。每天放学铃声响起，同学们纷纷背着书包蹦蹦跳跳地离开教室，她却纹丝不动，依然坐在位子上写着还未完成的作业。

每到这时候，爷爷总是站在教室门口，气呼呼地看着周恒。爷爷不明白，为啥别的孩子每天都可以按时下课，而她每次都要被留下来害得自己等一会儿。

一天傍晚，爷爷又来到教室门口等周恒。

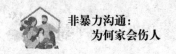
"你的作业怎么又没写完？"爷爷板着脸，走到周恒的身边质问道。

"还有一点儿就写完了。"周恒说话时声音小小的，连自己也觉得很抱歉。

爷爷站在边上，瞅着周恒写了一会儿，厉声问道："你这是在写字，还是刻字？你写一个字的工夫，别人早就写完一行了……"

周恒知道自己的动作慢，但在她看来，每个字的一横一竖都有着各自的位置。她要把每个字写好，绝不容许自己为了快点儿写完作业就草草了事。

每天清晨，当其他孩子还在睡梦中时，周恒早早就起床了，她坐在台阶上，认真地读着拼音。为了能准确拼读，她拿压岁钱让父母买了一台复读机。慢慢地，她的拼读速度终于可以跟上其他同学了。

每次写作业之前，她会给自己设定完成的时间，当她提前完成时，那种小小的成就让她感到很快乐。渐渐地，她做作业的速度也快了起来。

周恒凭借着坚韧不拔的毅力，考进了理想的大学。后来，她如愿当了一名老师。

听着周恒的往事，我真的不敢相信这竟是她的童年。

周恒淡淡地轻笑道："虽然别人的冷漠曾让我很受伤，

但每次我总是能及时调整自己的心态，一次次鼓励自己，让自己一点点进步。如果没有别人的冷漠以对，也许我身上那股子不服输的劲儿还不会被激发出来呢。说起来，我还要感谢他们。"

一个人想要证明自我的价值，就不会在意别人对他的冷漠，甚至他将那残忍的嘲讽当作鞭策自己不断前行的动力。

周恒的经历为学子们做出了一个榜样：只要努力，即使学习吃力的孩子一样可以取得成功。

SC 是我的亲戚，也许是我们年龄相仿的缘故，每次她一遇到我，总会滔滔不绝地聊起很多话题。

一次，不经意间，我跟她提起了儿时读书的事情。

SC 一听到"学习"这个词，神情变得很复杂："如果上天能再给一次机会让我重返童年，也许我就不会那么早走上社会，也许就不是现在这个样子。"

从 SC 的语气中能听得出遗憾，接着，她又跟我说起她的童年经历。

SC 很喜欢上学，可是她却特别害怕上数学课。

一日，SC 正坐在院子里掰着手指头计算一道口算题。

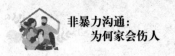

王大伯见她皱着眉头数着数，便走过去打趣道："SC，你的手指头才十个，不够数，要加上脚趾头才够。"SC 觉得王大伯说得有理，赶紧脱下鞋子袜子，弯下腰数了起来。

王大伯乐了："你这傻孩子，我只是随口这么一说，你也当真！"

让 SC 最头疼的是应用题，她真不明白，简单的几个数字和一段文字怎么就把自己绕晕了？看着自己的数学成绩即将跌入谷底，她想起了二叔是老师。当她将自己的想法说出来后，二叔答应了。

每天傍晚，二叔都会抽出时间给 SC 辅导。他们一起分析题目，又是画图又是生活举例，可即使二叔讲得口干舌燥，她还是一脸的茫然。

二叔失望极了，戳着 SC 的脑门问："你的脑袋里装的都是糨糊吗？这么简单的题目都不会，还读啥书呀？"

"难道我真的不是读书的料？"SC 灰心极了，整日闷闷不乐。接连几次数学考试，她的成绩都在班里垫底。

让 SC 感到心灰意懒的是，每次当她复习功课的时候，爷爷奶奶总会在她的耳边念叨："女孩子家读那么多书干什么？还不如早点儿出去学门手艺，将来找个好婆家。"

一来二去，SC 就心想：反正也学不好，何必让自己那么累呢？慢慢地，她对于学习变得懈怠了，虽然照例去上课，但已不再像之前那么认真了。

就这样，SC 的成绩越来越差，初中毕业后去了美容店做学徒。几年后，她开了一家美容店，也结了婚，虽然生活过得不错，但她的心中还是有些许遗憾。

即使成绩不好，那又如何？何必太在意别人眼中的你呢？

只要自己的内心足够强大，只要目标足够坚定，外界的一切都不能阻止我们前行的步伐。

每个人的学习能力都不同，更何况是孩子。不管他人的学习能力强与弱，我们都不应该用有色眼光区别看待。

我们不公正的眼光，无形中不仅会伤害孩子，而且还会影响着他们对于自我的认知。多一些关心，少一些冷漠；多一份鼓励，少一份打击，给他们多一点儿前行的力量。

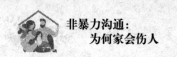
第3节　你把我放在背光处，我得把自己拉到太阳下

　　绝望过才有希望，尽管黑夜漫长，带不走我心里的光。

　　爱自己，背光里也闪亮。你把我放在背光处，我得把自己拉到太阳下。

　　曾经给自己虚构一个太阳，张开怀抱去拥抱，用虚构的温暖驱走黑暗和寒冷。庆幸的是，有一天终于发现自己自带光源，自信和努力其实就是那道光，让我们从阴暗的角落向着明亮那方飞翔。

　　黑瓷不黑，是我听了关山讲述自己的童年往事后的总结。

　　我在本届城市马拉松比赛的会场上见到了关山。他是一所大学的知名教授，中等个儿，脸型方中带圆，显出健康的小麦色，眼睛里洋溢着温暖和自信，整个人在温文尔雅中透着说不出的精气神，非常有气场。

我们喝咖啡的时候，咖啡厅里正播放着黑撒乐队的民谣。关山微笑着告诉我："我小时候的名字叫黑瓷。"

"黑瓷？"我反问一句，"这么说，你小时候是个笨小孩？"

"我也是个有故事的人，一个叫黑瓷的笨小孩的人生逆袭。"关山看上去不像开玩笑的样子。

"讲讲你的故事呗！"关山的话勾起了我的兴趣，我要求他讲下去。

关山兴味盎然地把我带进了他的童年生活——

爸爸调到县委上班，六岁那年，他把我从乡下爷爷奶奶家接到县城。我本来皮肤黑，加上在农村长大，一天到晚在外边疯跑，就像一块黑炭。

对门杨叔叔一见我就笑了："哎呀，来了个非洲娃娃，黑瓷黑瓷的。"他家孩子小琳也出来看我，笑着喊了声"黑瓷"。一不小心，"黑瓷"这个名字居然叫出去了。

我不满，又不敢反驳。爸爸也不以为意，觉得好玩。可是他们完全没有想到这对一个敏感小男孩的伤害，尤其当时我正处在对新环境的适应期。

小琳和我在一个班，长得白白净净的。我俩一起放学回家，走进大院后人们看见了，都说："小琳回来了，哟，黑瓷倒像是小琳的书童。"

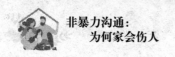
　　我走到大街上，有人大老远地喊"黑瓷"。他身边的人好奇地问黑瓷是谁，"你看，就是那个黑不溜秋的男孩，我们院的非洲人。"然后就听到一阵刺耳的笑声。

　　有一次实在气不过，我就告诉给妈妈，想要妈妈帮帮我。"儿子，男子汉要用实力告诉别人'黑瓷不黑不瓷'，而不是靠父母去纠正。你把精力和心思用到读书学习上，好成绩能堵住他们的嘴。"

　　于是，同桌在看各种漫画的时候，我刷题；同伴打游戏的时候，我读书；同学们放学踢球的时候，我复习功课。学期末，我的成绩渐渐亮相了，就有了自信。然后几个学期连续的三好学生奖状，大院里的人对我刮目相看了。

　　以后有人再叫我"黑瓷"，别人就说："人家才不瓷呢，聪明没长在脸上，藏在心里头呢。"

　　关山停了一下，将自己从往事中拉了回来。他说："时间长了，叫我黑瓷的声音也没了。我是大院里第一个考进重点大学的，大学毕业后考了清华的研究生，又在国外读了三年博士。近两年才回到大学任教，我现在是大学的黑瓷。哈哈哈，回忆小时候的外号，现在觉得特别亲切，你不知道那个名字对一个男孩子的刺激和伤害。"

　　关山的话让我笑得前仰后合，"黑瓷不瓷"，真心佩服他的顽强和自信——自己的精彩，怎么能由别人来左右。大人只看到我们的外包装，内心精神的深度要靠自己去努力。

告别时，关山邀请我在明年春天去他们大学看樱花，我非常爽快地答应了。

无论别人说什么，都是命运给我们的谜题，怎么去行动才是我们给命运的回答。

人要靠独立自主启动自己的光源，如果你总是依赖反射别人的光芒，不但不会成为月亮，反而会黯淡陨落。

小学五年级时，我就有个问题：小伙伴们为什么把沈红灵叫“红灵不灵”？

沈红灵的学习成绩总是一塌糊涂，她无神的小眼睛里总是充满冷漠和厌倦，薄薄的嘴巴总是噘着似乎能挂个油瓶。直到有一次春游结束，她带我去她家里喝水，我心里才隐约找到答案。

她妹妹沈晶灵给我们打开门的一瞬间，我的脑子里就光速冒出“光彩照人”四个字，回头再看沈红灵一眼，我问自己：“这是一个妈妈生的亲姊妹吗？差别怎么这么大呢？”这时候我才明白“既生瑜，何生亮”的悲哀，才明白伙伴们口中“红灵不灵”的传言。

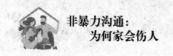
妹妹几乎夺走了姐姐生活中的全部光芒，把姐姐逼到了背光的角落。

沈红灵在美丽乖巧、聪明伶俐妹妹的衬托下，更显得木讷寡言、没有眼色。姑姑、大姨进门就大喊"晶灵，晶灵"，妹妹蝴蝶一样飞出来给客人端茶倒水。沈红灵躲在自己的房间里不出来，也没人理会她。

舅舅家出去郊游的时候，打来电话："叫晶灵跟我们一起去吧，红灵在家写作业。"

大姨全家去野炊的时候，说："晶灵跟我们一起去，叫红灵看门。"

"红灵不灵！"这句口头禅像冷雨一样浇在沈红灵头上，她心里难受，更多的是怀疑和否定自己：我是不是笨得不可救药了？我是不是丑得没人喜欢了？我活着有没有意思和价值？

学校里，老师知道她是沈晶灵的姐姐，也会多看她两眼，反复辨别："不会吧，看不出是一母所生呀。"

沈晶灵在大家的欣赏与赞美之中华光四射，沈红灵完全成了角落里长长的影子。

在沈晶灵的光芒和笑声中，大家忽略了沈红灵，她就开始恐惧见人、恐惧会客，恐惧人们把她跟妹妹进行比较，恐惧人们探询质疑的眼神。

　　高中毕业后的一次同学聚会，只有沈红灵没有来。听说在"红灵不灵"魔咒下生活的她，在二十岁出头的时候就结婚了，生孩子不久因为夫妻双方感情不合就离婚了，然后自己开出租车养孩子。

　　大家一片叹息。

　　我们曾经是那么渴望生命的完美，可是慢慢地，我们发现命运并不乖巧，有时候非但不如人所愿给我们想要的东西，而且还给我们设置障碍。

　　生活中，打不败我们的都会使我们更强大，生命是一场庆祝，限量版的人生一定要活出自己的万丈光芒。

　　人可以分为脆弱者、强韧者和反脆弱者。

　　脆弱者遇到不顺遂容易受打击，在打击下容易屈服；强韧者不太依赖环境，无论遇到什么环境都不会变，如浴火重生的凤凰；反脆弱者则拥抱变化，环境越波动，他不但不会受伤害，反而会利用环境茁壮成长，越挫越勇。

　　生活中，我们选择做什么呢？

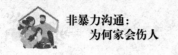
第 4 节　长得不漂亮我没错，看不起我才是你的错

　　谁也无法否认这是一个看脸的时代，"颜值"已经成为一些人的价值标准。可流行的观点就一定正确吗？尤其是颜值这种肤浅的认识。

　　无论别人的观点是什么，每个人都要有自己正确的认识；无论父母给了什么样的外在条件，每个人都要努力活出自己的漂亮，因为你过的是自己独一无二的人生。

　　朋友先先陪我去电视台做节目。

　　电视台主持人对我说："我见人也多了，但是看见你的朋友，我的头脑里马上跳出'腹有诗书气自华'这句诗。我把人分为漂亮和不漂亮两种，而这两种对你朋友都不合适，你朋友就是一个词——'气质'。你看她，身材挺拔、衣着合体，五官虽然不完美，但是亲和中散发出了书香魅力，让人感到舒服。"

我微笑点头，说："其实，先先也是我的励志榜样。"

我承认，先先与漂亮无缘，可是骨子里透出的从容和优雅让人难忘；由内向外散发的自信与智慧，让人觉得特别有味道。虽然她长得不漂亮，但是活得很漂亮。

先先是我童年的小伙伴，大院里的孩子都是出东家进西家串来串去的。奇怪的是，大人们看见先先总会说："这丫头可惜了她妈妈的漂亮基因。"

一次体育课，我请病假待在教室，无意中翻到了先先的日记本，好奇心驱使下我打开了它：

我喜欢灰蒙蒙的天气、灰蒙蒙的大地，是不是因为我的心灵也是灰蒙蒙的？

跟小朋友一起出去玩，叔叔阿姨看别人的眼睛都是亮亮的，不知道为什么，他们看到我的时候眼神就暗了。我知道他们不喜欢我，嫌弃我皮肤黑、个子矮、额头突出。

我最讨厌定制衣服的宋叔叔，每次在他店里量尺寸的时候，他总是说："先先这衣服最难缝了——费布。都说女大十八变，先先却长倒退了，哈哈哈……"

春节到了，大家族聚会的时候，亲戚都围着表姐、表妹她们转，逗她们玩，对我却只是一副遗憾的表情。

我问妈妈："长得不好看的小孩，就没有人喜欢吗？"

妈妈说："长得好看的孩子，大家爱；长得不好看的

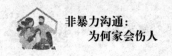

孩子，自己的爸爸妈妈爱。"

其实，妈妈尽管嘴上这样说，她还是看着我的背影叹过气。

哦，每个人都有自己的小秘密呀。读完日记，我才知道表面开朗的先先原来有一颗细腻敏感的心，怪不得不跟我们一起疯跑了，因为她感受到了人们以貌取人的冷漠。

但是先先找到了自己的另一方天地。她的作文经常被老师当范文读，因为勤奋和博闻强记，她获得了"小才女"的美名，大家开玩笑地对她说："上帝真公平呀。"

"为什么？"先先问。

"上帝没有给你漂亮的脸蛋，但是给了你才气啊。"

一个人的才气，真的是上帝给的吗？

这些年，先先努力读书、健身、旅游，踏足城市的博物馆，欣赏艺术、深入思考，对生活乐观、对自己有信心，自爱而有尊严，这样的生活逐渐修成她由内而外散发的知性气质。

目睹先先的成长，我深切认同作家林清玄的话：三流的化妆是脸上的化妆，二流的化妆是精神的化妆，一流的化妆是生命的化妆。

先先没有生出来的美貌，却获得了自己塑造的优雅。

当一个人活出自己，拥有生命质量的时候，已经不大去在意别人的眼光和态度了，一切都是最好的安排——脸是父母给的，气质是自己塑造的。

在这个世界上，除了自己，没有人能定义我们，没有人能比我们更了解自己，所以不要活在别人的眼光里。

同学聚会时，杨柳让我大吃一惊，感叹岁月是把杀猪刀！

杨柳像一朵过早凋零的花，虽然柔顺的五官轮廓依然，可她眼睛里的光已经丧失殆尽。我不知道这些年发生了什么事情，只知道高考后大家就各奔东西了。

聚会结束后，杨柳跟我有了一次聊天。

"我在报纸上读到你的文章，你果然实现了小时候的愿望，当了作家。这些年发生了太多的事情，给你讲讲我的经历，你也写写我的故事吧——咱们小时候都属于坐在教室前面的矮个子，是卑微灰暗不起眼的丑小鸭。"

我心里暗吃一惊，虽然小时候我也是丑小鸭一枚，可是我从没觉得自己卑微灰暗过哦。

杨柳继续说着："爸妈离婚后，妈妈把我放在外婆家，她去上海开店打拼。可外婆把对我爸爸的气撒在我的身上，说为什么没有跟爸爸走。舅妈挂在口头上的一句话，

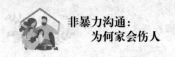

'这娃咋长得又黑又倔，没有一点儿女孩的水灵。'她们还总是拿表妹跟我比较。在那样漫长而阴暗的日子里，我沉默着一路走过，心里都是惶恐，想一辈子缩在那样自卑的角落里不出来。"

我仔细端详着杨柳，只见她嘴角和眉毛愁苦地耷拉着，脸上星星点点的雀斑，让人看一眼就想躲开。我心里对她的诉说有了答案：她自己在心里已经同意了别人对她的评价，完全放弃了努力。

记得有人说过：四十岁以后的脸要由自己负责，有自信、有爱心、生活乐观的人，往往从内而外散发出光芒，让人越看越顺眼并喜欢与其接触。而自卑、狭隘、怯懦的人，往往脸上有晦暗之气。

杨柳，在别人还没看低她之前，就先在镜子里看低了自己。如履薄冰的童年里，她竟从未有一秒看到过自己的闪光，仿佛所有的无所事事、胆小恐惧都可以用"不好看"这个借口去遮掩，心安理得地躲在这个借口背后，不去争取，不去追求。

其实，美貌从来都不是改变生活的唯一出路。

回味杨柳的话，那些一直被她铭记在心的"悲伤往事"纵然确实发生过，可并不能成为一个人裹足不前，甚至放弃自己的理由。

决定人一生的不是长相和家境，而是自己对生活的态度，对自己的态度。给自己一个微笑，给这个世界一个微笑，抬起头来做人，享受当下已经拥有的，就会让自己的生活充满阳光。

活得漂亮，就是要活出一种精神、一种品位、一份至真至性的精彩。

人生不在于具备了多少先天优势，而在于对生活有积极的心态。只要努力，只要永远充满信心，我们就能活出漂亮的自己。

人要有长在心底的善良，融进血里的骨气，刻入生命的坚强，扬在脸上的自信。只有尽己所能地乘着风，才能向着耀眼的光芒飞舞而去。

我相信所有汗水的重量，终将塑造成那个心驰向往的自己。

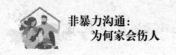

第 5 节　你就那样叫吧，无法改变我的世界

　　童年生活里，周围总有那么几个人让你感到讨厌，但是又没办法摆脱。

　　对于这些人，我们只有远离，努力做好自己，才能让我们跟他们不同。否则，很容易"近朱者赤，近墨者黑"。

　　朋友发了一张照片，照片中的孩子粉嘟嘟的，可爱极了。接着消息便过来了："这是我女儿，小名多多。"

　　看到信息里的"多多"时，我的心猛一抽，记忆的大门瞬间打开了。

　　"多多，来帮我一下。"

　　"我不是多多，我叫刘宁。"

　　"呵呵，我怎么记得你就是多多呢，你们家多余的。哈哈哈……"

　　这是小时候二婶跟我之间最多的对话。

是的，我有个哥哥，家里人叫我宁宁，可是每次见到二婶时她就会喊我多多，我便不再理她。

我爸妈在城里做生意，年前是最忙的时侯，哥哥放假了会去帮忙，只有我留在家里陪奶奶。

二婶来串门，进门就大嗓门："多多，你不去帮忙？"

奶奶在一边说道："你咋又叫多多，不是说了娃叫宁宁么。"奶奶的声音里分明有不满的情绪。

不知为啥，二婶总喜欢拿我寻开心，似乎不把我逗哭绝不罢休，好像我越生气，她就越得意。在她眼里，我的缺点简直无处可藏：

多多，你头发咋那么黄？"黄毛丫头"说的就是你吧。

多多，村里的二虎结婚，跟二婶去看热闹吧，看把你丢了有没有人要。

多多，你老是拉着个长脸，小心以后嫁不出去。

多次反抗无效，我便开始躲着二婶。

二婶呢，还是像平常那样东家进西家出，没话找话。没事时就坐在大槐树底下聊天，捉弄捉弄村里的小孩子，欺负欺负村西头的哑巴。

奶奶说："宁宁呀，你长大了可不能成二婶那样的人，她自己的日子过得一塌糊涂，还喜欢到处笑话人。"

再后来，上学了，我没事就坐在家里面看书。二婶还

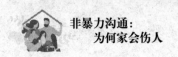
是时不时过来，在家里喊一圈"多多"。我不说话，悄悄地看着书，她自己喊着喊着没意思，便走了。

我的课本看完了，就把哥哥的课本翻出来。这些课本看完了，又把他的练习册拿出来。所有的书都看完了，我便把妈妈夹着鞋样子的书也翻出来。

除了看书，我还喜欢跟家里的"小家伙"待在一起。看小羊吃草的样子，看公鸡打鸣的样子，看小狗趴着睡觉的样子，看小猫用爪子洗脸的样子……

仍记得我写的第一篇作文《我家的大公鸡》，老师在班里表扬我时站在讲台上的样子。

多年之后，当我站在讲台上给孩子们讲鲁迅的《故乡》，说到杨二嫂时，眼前突然就出现了小时候的二婶。好在，我没有变成她那样的人。好在，她没有将我叫成"多余的人"。

别人的样子就那样，而你，可以决定自己未来的模样。

做好自己，坚持自己，是对付那些让你厌恶的人最好的办法。

认识 MC 是在一家健身中心。

我是去健身，而 MC 是去减肥的。因为生了孩子的缘故，MC 已经快变成一个"球"了。我以为她只是因为怀孕才发胖的，后来聊天才知道，原来她是从小胖到大的。

跟着 MC 的讲述，我走进了她的童年。

小时候的 MC 有点儿胖，跟其他小朋友站在一起，看起来总比别人大一点儿。

可是 MC 从来都不觉得自己胖，周围也没人说过她胖。每次跟小朋友一起玩，MC 虽然有点儿慢，但是大家都喜欢跟她玩，因为她是一个灵活的小胖子。而她的性格很好，跟谁都能玩到一起。她还有很多好吃的，每次游戏结束后，小朋友们都会坐在一起，一边吃着零食，一边想象自己长大后的样子。

这样的日子，是 MC 记忆中最快乐的。

直到有一天，院子里搬来了一家人。女主人的个子高挑，穿着旗袍，好看极了，而且他们的女儿也漂亮。小朋友都羡慕极了，再聊天的时候，大家都会说一说那漂亮的女主人和她漂亮的女儿。

女孩叫乐乐，会弹琴，还会跳舞，很快就跟大家熟悉了，经常在一起玩。可是乐乐妈却不喜欢乐乐跟 MC 玩，说她太胖了，如果乐乐跟她在一起也会学贪嘴，胖了就不能跳舞了。

小孩子总将大人的话当真，哪怕毫无道理。乐乐也就

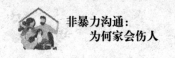

不大跟 MC 玩了。

那女人总是叫 MC "小胖妞"，院子里的人也跟着"小胖妞"地叫着。MC 哭着回家告诉父母，父母却觉得没什么，说："小时候胖不算胖，长大了胖才算胖。"

于是，MC 便不再在意大家叫她小胖妞，她信父母的话，觉得自己长大就好了。

后来，MC 发现捉迷藏的时候，大家都抢着跟乐乐一组，说她胖，藏不住；跳皮筋的时候，也没人跟 MC 一组，说她跳不起来，总拉分；老鹰捉小鸡的时候，也没人喊 MC 了，因为她总是最先被抓住的那一个，没意思。

慢慢地，跟 MC 玩的人越来越少。大家玩游戏的时候，她只能站在一旁默默地看着；大家坐着聊天的时候，她也只能站在旁边听着；吃东西的时候，大家也不愿意再吃她的零食，说吃了会胖。

MC 很难过，可是她又不知道怎么办才好，只好拿着零食拼命地吃，她觉得吃得撑撑的时候心里就不难过了。

如此循环，MC 越觉得孤单，慢慢地也开始变得越自卑起来。

等到上初中的时候，MC 已经成了十足的大胖子。从那时开始，"肥妞"的外号就再也没有离开过她。

儿时的 MC 没有自卑、没有忧愁，虽然有点儿胖，可是很快乐。可就是因为那个邻居的缘故，MC 变得没有朋友，变得没有自信，不再开朗，以致让自己在错误的思想支配下越走越远。

生活中无意的伤害，有时候会影响一个人的一生。只是对于伤害者而言，他们并没有意识到，也不会因之而负疚。

每个孩子的童年，没有无意伤害就好了。这样，就不会有像 MC 一样的人。

第 6 节　我只是路过你的世界，不要伤害我

成就或伤害，可能只是不经意间的一个眼神、一句话。多年后，伤害者可能没有任何记忆，却成了受伤者心头无法拔除的刺，疼了一生。也可能刺激了受伤者，让他的人生因此而崛起。

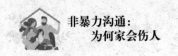

大家看到的是，凌霄是一个极为干练的职场女强人，但看不到的，她是对自己要求极其苛刻的人。

要提醒大家的是：

第一，一定不要想当然地把"女强人"与"娇美"联系在一起，那是影视作品里的俗套故事。如果可以坐享其成，应该没有多少女孩愿意在起早贪黑中，在看人眉高眼低里，让别人决定自己的快乐与否。

第二，有种花叫凌霄花，很好看。凌霄被别人"花儿花儿"地叫着却很不舒服，有时自以为示好的行为，其实是难言的伤害，特别是落差太大时。所以凌霄曾说，不要叫她"花儿"，可以直接叫她"臭臭梅"。对，那是凌霄老家的一种花，花相一般，还有点儿臭。

凌霄不美，不要喊凌霄"花儿"。

我见到凌霄时，她已是某合资企业亚太地区人事部总负责人，典型的成功人士。她说："很多事是憋气憋出来的，就像今天的我。"

在凌霄的回忆中，我走进了她的童年。

爸妈很宠溺凌霄，毕竟她是家里两个男孩后的唯一一个女孩。

女孩是妈妈的贴身小棉袄，妈妈去哪里都喜欢带着她。就是跟在妈妈后面走亲戚的日子里，她感受到了人情的冷暖。

特别是在外婆家，跟大姨二姨小舅的孩子们在一起，凌霄不是年龄最大的，也不是个儿最高的，当然更不是最小的。

分好吃的时，二姨会说："凌霄大，你得让让妹妹。"

干活儿时，舅舅会说："凌霄胖，有的是劲儿，多干点儿。"

听故事时，大姨说："凌霄听不听都一样，你妈妈是老师，你帮外婆拉风箱去吧。"

其实，凌霄真的不愿意跟着妈妈出门，可她又不能把这一切说给妈妈听，她不想让妈妈难过。

有一次，外公从镇上回来，买了些小零食。凌霄等着外公分给大家，却不知表哥表姐表弟表妹一拥而上，抢光了。手里什么也没有拿到的凌霄尴尬地站在那里，她已经学会了沉默与等待。

就是那一次，凌霄哭了。也是从那以后，她再也没去过外婆家。

后来凌霄自己想通了，爸妈觉得自己的娃再金贵都不行，还得自己让自己值钱。明白了这个道理，凌霄开始憋足劲学习。

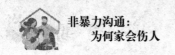

其实，凌霄不是聪明的孩子，学习上拼的是认真。

凌霄考上了大学，是表哥表姐表妹表弟中唯一的一个。长辈们都说，看不出呀，凌霄的脑子还蛮灵光的。

凌霄说："现在想起来也没什么，可能自己原本就不是讨人喜欢的孩子，性子倔、嘴犟，长得又不好看，也怨不得亲戚们。好在，自己终究让自己变得亮堂堂的，说来也得感谢童年的那些伤心事。"

那些只是路过我们的小孩子，为什么不可以善待？让她们带着花、带走香，或许就学会了芬芳别人。

当然，遇到倔强追求美向往好的孩子，即便没有被疼爱，也会努力将自己疼爱成一朵花。

LM 总觉得自己是倒霉的。

投错胎，入错行，娶错人。

生活对 LM 来说，似乎就是错上加错，无上限的错。

LM 觉得这一切的罪魁祸首就是爹妈。爹妈没本事，自家的兄弟姐妹都看不起，以致跟在他们后面的 LM，就像一个小可怜。

更过分的是，大伯总有意将 LM 与自己的孩子分开，好像怕 LM 黏上他们，他们会跟着 LM 变坏。

LM 去姑妈家拜年，姑妈从来不把孩子们叫在一起发压岁钱，总是单独给 LM，一张一元的。

一次，LM 悄悄问堂哥："姑妈给了你多少压岁钱？"堂哥很不屑，说傻子才要一元钱。LM 才知道姑妈给堂哥堂妹都是五元钱。

LM 也会有意地把大伯家门口栽的花压倒或拔出来——你不喜欢我，我连你家的花都讨厌。

还有对门那位，别人都叫他"死瘸子"，只有 LM 喊他"世杰叔"。可让 LM 想不通的是，别人羞辱那个人，他倒嬉皮笑脸不生气，LM 正儿八经地喊他叔，他倒龇牙咧嘴地骂 LM"傻小子"。

LM 因此更沮丧了，连那样的人都不需要自己的善意，看来自己多讨人嫌啊。

还有……不说了不说了，没人喜欢没本事大人的孩子。一想到这一点，LM 就很恨爹妈。

因为不被长辈们喜欢，LM 将自己活成了一个让人头疼又无奈的捣蛋鬼。

可 LM 的脑子聪明，学习超好，为了省钱不出学费，上了师范大学。可他实在不是兢兢业业做事的人，为了攀附权势，跟领导的女儿结婚了。那女孩有一身毛病，非但不能帮 LM，连孩子都教育不了。

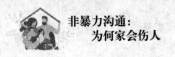

LM 虽落户在大城市，可日子过得很不舒心。

何必太在意别人眼里的你？别人眼里没有你的人生，你的人生在自己面对世界的态度里。

无法选择的很多，唯一可以选择的却是最最重要的——态度！

不管我们的世界是热闹还是静寂，孩子走过我们的世界时就应善待。

更多的时候，我们展示什么态度，他们就接纳什么而后成为什么。只有那些抗击性比较好的，才会不受影响继续踩稳脚下的路。

/ 第五章 /

剥离学校老师成见的羞辱

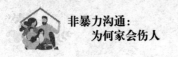

第1节 成绩不是衡量好坏的唯一标准

从孩子进学校的第一天起，老师就要善于看到并不断发展他们身上所有好的方面。

如果你在学校因为成绩不够出众，没有幸运地遇到这样的好老师，而是受到冷落，你是清醒认识这是教育的缺陷，还是盲目否定自我的能力？

人生是一场不停歇的马拉松比赛，学生时期也只是人生的一个阶段。途中，可能或快或慢，是中途放弃就此沉沦，还是努力追梦实现逆袭，都在你自己的掌控中。

胡姬是学校的副校长，四十岁出头，精明干练，管理能力强，教学水平高。

学校是民办学校，她分管全校的德育工作，还担任一个班的班主任，教两个班的语文。

课后在办公室与她闲谈，我笑问："胡校长，你是实力派领导，又是教学骨干，你读书时一定是老师眼中的宠儿、同学心中的学霸吧？"

谁知胡姬一愣，接着哈哈大笑，说："读书时我可是聪明面孔笨肚肠，角落里不引人注意的那一类典型。"

小学时，班上有两个胡姬，另一个是大胡姬，她是小胡姬。每次语文老师提问，就喊："胡姬。"正当她准备站起来回答问题的时候，老师马上补充："大胡姬。"就这样一次又一次，由期待到愤懑，由愤懑到失望。后来语文老师提问时，她直接就自我屏蔽了。

胡姬接着说："那时我很郁闷，很羡慕班上的学霸。特别是六年级时，因为上学期期末我的数学考得还不错，为此，班主任改选我当了数学科代表。其实，我的综合实力还是比较差的。

"班上有一个男生，数学特别突出，每次上课，数学老师的眼光都会跨过坐在第一排的我，抵达那神童的位置。我这个数学科代表，在老师眼中根本就是一个打杂的体力劳动者——抱作业。"

这时，胡姬走到窗边，指着一盆高高的海棠和一盆矮矮的多肉，说："学霸同学就是海棠，我就是多肉。"

她说："那时看见老师，除非是面碰面会怯怯地叫一声。如果隔得远远的，就像老鼠见了猫，能躲就躲，生怕

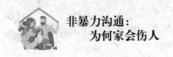

老师逮住自己谈学习、谈成绩。

"有一次，我在大街上远远看见了数学老师，本来我想打招呼，可是数学老师却故意把脸扭向另一边。我心里顿时七上八下，思绪凌乱：是老师不喜欢我？还是老师想让我先喊他？总之，就在窘迫不安中，我连一句'老师好'也没有喊出口。

"看见同班的学霸小伙伴，我也会离他们远远的，莫名地认为自己跟他们有距离，是两个世界的人。他们是老师眼中的宠儿，自信、阳光，说话声音也是那么响亮。自己呢，却只能在角落里渴望与羡慕，心中一万个不自信。"

胡姬的童年，就这样在压抑中度过了。

转机是胡姬上了高中后。她读到李白的诗句"天生我材必有用"，好像突然找到了自我。是啊，何必因为成绩不出众而全盘否定自己呢？她爱好舞蹈、演讲，从电视中看到舞蹈家杨丽萍、新东方总裁俞敏洪的种种事迹，从他们身上吸取了不少能量。

在一次演讲比赛中，胡姬获得了省一等奖，这渐渐激发了她的进取心。这段经历给了她一些人生感悟，后来在教学上她也勤勤恳恳，将平凡琐事做到最好，一点点进步，一滴一滴积累，才走到了今天。

胡姬的经历，让我想到了磷与煤。

如果你是一块磷，可以自燃，每天的日子都在奋斗中过得很有意义，每天的时间都是有价值的黄金；如果你是一块煤，需要他人点燃，就会面临漫长的等待与岁月的蹉跎，无数的时间在等待中变成废品。

是做自燃的磷，还是做等待被点燃的煤，至关重要。

杨杰考上清华大学了！

学校的横幅，媒体的宣传，杨杰所在的小县城很是沸腾了一阵，父母还为杨杰办了一场轰轰烈烈的升学宴。

杨杰高大帅气，少年得志，惹来不少欣羡的目光。按理说，不出意外的话，他的前途一片光明。

出人意料的是，大一上学期末，杨杰的父亲接到了学校的劝退通知书，要他来学校接人，理由是偷窃室友的物品和生活费。事情传出后，杨杰以前的同学爆料更让人们震惊不已。

杨杰上小学时成绩就一直名列前茅，参加竞赛也屡屡获奖，被大家视为小神童。人们如同称赞一处最美的风景，传颂着他的美名：

小神童，语文又考了 100 分！

小神童，数学奥林匹克竞赛又获得了全国一等奖！

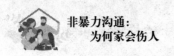

小神童，英语竞赛第一名！

老师自然对他也是百般宠爱：

杨杰，你的作文写得真好。

杨杰，你是班长，要保持年级第一哦。

杨杰，今后考清华还是北大呢？

是啊，这样的学生，谁能不爱呢？

一好遮百丑，杨杰的一些缺点像潜藏的暗流被老师和家长有意忽略了。而这些被忽略的暗流，随着时间的累积成了今后淹没杨杰的洪水。

在杨杰四岁时，父母离异。爷爷是本校的校监，但爷爷奶奶除了对小杨杰学习严格要求外，生活上诸事依从。小学老师也听同学反映过：杨杰有暴力倾向，常常欺负同学；他自私，在与小伙伴的相处中不愿分享，也不愿帮助他人；他常常借作业给同学抄，收取费用；他把成绩好的同学的书本，偷偷扔进垃圾桶……

可杨杰说，是同学嫉妒他。他在老师面前的表现乖巧懂事，老师也就信了。

就这样，杨杰带着童年的恶习与光辉，小学毕业了。继而一路隐藏，一路风光，他最终考上了全国高等学府清华大学。

努力读书，只要成绩好，考上名牌大学就好了！

　　这是小杨杰听到最多的话。以致后来考上了大学，这个因成绩突出备受老师宠爱的高才生还躲在童年的壳中，希望全世界都把他当孩子来包容。在他看来，成绩好就是畅通无阻的通行证，根本没料到大学那么严格，居然把品德看得比学习还重要。

　　最终，杨杰被成绩之外的考验击败了，他成了分数的巨人、品德的侏儒。

　　"弟子入则孝，出则悌，谨而信，泛爱众而亲仁，行有余力，则以学文。"学会做人，品德好了，行有余力，才可以学习文化知识。

　　做人，永远是第一位的，其次才看成绩。成绩只能代表智力，如果以此来衡量一切就是本末倒置，必然站不稳，不仅会摔得遍体鳞伤，还没有人来搀扶。

　　现在，不再是"万般皆下品，惟有读书高"的时代，一个人各方面的综合能力如同一朵五彩鲜花，岂是靠成绩这一种色彩来描绘？

　　修养美德，坚持发展自己的长处，总有云开日出的那一天。只要不断完善自己，没有人能看低你——老师不能，家长不能，同学也不能。

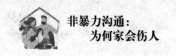
第 2 节　从教室最后的"孤岛"走出来

你曾经是否因为不努力，而被老师安排在最后一排，像一座无人问津的孤岛？你是否因为自己的表现不理想，而被老师戴着有色眼镜看待，即使后来你变得遵规守纪？你曾经是否因为任性，而被老师带着成见来对待？

有位古希腊哲学家说，一个人不可能两次踏入同一条河流。意思是，世上万事万物随时都在运动变化之中，包括你的心态与表现。

解铃还须系铃人，童年的"孤岛"不应当成为你前进的绊脚石。形成目前这种处境的原因在哪里，就从哪里开始改变吧。

张杰是一名自信满满的装修设计师，跟我住在一个小区，也是我的 QQ 好友。

我们小区的人大都了解张杰的过去，六岁时，他父亲出车祸走了，一家人出于心疼放松了对他的管教，因此他更加顽皮、淘气了。

五年级上学期的一天，语文老师把张杰拎到办公室，对他近期的学习成绩下滑狠批了一顿。面对司空见惯的批评，他脸不红、心不跳，低着头任凭老师说。最后，老师无奈地挥挥手："你先回去吧。"

张杰刚走出办公室，就听到了班主任的嘲讽："刘老师，张杰这种学生一看就是破罐子，无药可救了，你还这么苦口婆心干吗？你知道的，我都把他叫到办公室来多少次了……"

这些尖酸刻薄的词语一个个钻进张杰的耳朵里，他感觉自己从来没像此时此刻一样窘迫。

那一天，他回到家，一言不发。班主任的话虽然刺耳，却似乎点醒了他——还有一年多就要升初中了，难道要一直坐在教室后排"赶鸭子"？

母亲问了他好几次到底是怎么回事，他也不言语。那天，母亲陪他坐着，用手温柔地抚摸着他的脊背。他默默地掉下眼泪来，忽然想通了，难道因为爸爸的去世要让母亲替自己操心一辈子吗？

从此，张杰开始认真读书了。

几个月后，学校组织月考，张杰提高了15个名次。芝

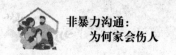

麻开花节节高，六年级期中考试，他考到了全年级前 50 名。老师改变了对他的成见，开始称赞他的精神状态和取得的进步，以前不怎么来往的同学也开始向他请教。

后来，张杰的人生像开了挂，高考时成绩优异，考上了某重点大学的建筑系。他终于从教室后的"孤岛"中走了出来，罗列于群峰之间。

没有人可以阻挡你前进的脚步，能阻挡你的人，只有你自己。

不要一味盯着童年的伤口看，当你竭尽全力朝着自己的目标前进时，全世界都会为你让路。或许，努力发挥人生天赋的过程会曲折崎岖，但只要坚毅前行，你终将吸引人们赞许的目光。

刘勇读五年级时，由公办学校转到民办学校，是班上的中等生。上学期时，他还规规矩矩；下学期时，大概是感受不到老师的重视，他开始了与上学期截然相反的放纵。

他变得像一只好斗的公鸡，经常欺负同学，被老师多次批评后收敛了些。好景不长，一次，他与同学张昊发生冲突，两人打了起来。班主任赶来劝解，可他就是不肯罢休。无奈，班主任把他打同学的过程录下来发给家长。

因为这些事件，班主任对刘勇有了很深的成见，他在心中也非常抵触班主任。尽管他在学习上也曾努力过，但是由于得不到班主任的赏识，学习热情如坐过山车，忽高忽低。

只有语文老师曾多次鼓励他，还送他钢笔，叮嘱他好好学习。也曾给家长打电话，让家长重视对他的教育与陪伴。

他喜欢语文，感激语文老师，可是他更在意班主任对他的态度。他曾在日记里写道："为什么那些成绩好的同学，总受到老师的表扬？我们这类中等生就应该被人忽略？我虽是一只丑小鸭，可也需要关心……"

语文老师给他的爱，如同微弱的光，照不亮他心中那片黑暗的天空，他需要的是满世界的爱。

他依然像一辆缺少马达的汽车，没有动力。五年级时还排名班上35名，六年级已经沦落到倒数第一名。交作业凭心情，有时胡乱写几个字，有时抄同学的；早读不背，听写不做，上课睡觉或呆坐。

周末，他在姐姐家，除了与堂弟一起打网络游戏，诸事与己无关。在外打工的父母大老远赶回家，好说歹做也无济于事。

无奈，家长只好把他转学到了另一所民办学校，继续

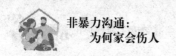

读六年级。到了那里，他的成绩与表现没有多少改变。后来，他初中还未毕业就早早跟着父母外出打工了，从此，他的人生少了一条成功的捷径，开始了艰辛的摸索。

在社会上跌跌撞撞经过一系列事情，刘勇开始改变了，不再是棱角分明，而是变得世故，善于迎合他人的心理来办事。

同时，在暗夜，刘勇也孤独自卑、敏感多疑，为自己纯真的丧失、心理的扭曲而深感痛苦。他明白人与人之间不应该是纯粹的利益关系，但是第二天醒来，依然重复昨天的故事。

刘勇溺亡在童年的沼泽中，失去了自我，活成了连自己都不喜欢的模样。

作为一个八九岁的孩子，遭遇老师的成见时感情用事、任性而为，可以理解。但长大后，还一直拽着过去的影子不放手，无疑是将灰暗延续。

岁月流转，他依然是一座"孤岛"，所不同的是，从一片海漂进了另一片海。

一般来说，老师不会对某些学生有成见，大多数情况下可能是因为这些学生的一些行为引起了老师的误解。

所谓爱之愈深，责之愈切。老师希望你笔直参天，但你枝蔓如灌木，他自然是看不惯。只要如清波，怀着纯净之心奔流向东，一路上的泥沙自然会被荡涤干净，随着岁月一起沉埋。

第3节 "大胖子"的人生更饱满

从古至今，相貌出众的人都备受称赞与注目，所以有了仪表堂堂玉树临风风流倜傥，有了国色天香花容月貌倾城倾国。

照此，童年时因为相貌不佳而受到嘲笑的人，比如人们眼中的"大胖子"，是否就应因生活在外表的评价中而自惭形秽？未必，你可以有才有识、满腹经纶，你也可以善良博爱、博施济众，你还可以自信乐观、幽默热情……

天高地阔立此身，大路朝天踏步行。

汤小迪是我的同事兼闺密，热情乐观，是办公室主任

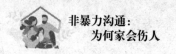
与教学骨干，也是同事心中的开心果。

办公室里，总能见到她风风火火；教室里，总能听到她谈笑风生；同事家有事，她总是冲在前面。

"你整天笑呵呵的，好像从来没有忧愁，过得好开心，也不为你的身材发愁，哈哈。"我打趣她。

谁知她也打了几个哈哈，说："你尽管损，我可不在乎。你还以为我是小时候的小迪吗？"

小时候，小迪是这样的——

由于遗传的原因，小迪自小能吃能喝，身体肥胖，经常受到伙伴们的嘲笑与排斥，玩跳绳、接力赛等都不要她。身边的大人也常常笑着说："小迪，你的身体好健康。"就连小学班主任也说："晚上少吃点，别吃肥肉了！"

特别是有一次，小迪在科学课上犯了无心之过，老师也不安慰她，说："你看你只长肉，不长脑子！"那些话语，她至今还记忆犹新。

最难过的莫过于小学四年级下学期。一次，班上几个女同学欺负兰兰，小迪上去帮忙打抱不平，两派女孩开始吵架。后来，对方添油加醋地将事情告诉了班主任。

第二天一大早，小迪穿着妈妈买的新裙子，高高兴兴地来到学校。她刚坐下，拿出书准备朗读，忽然，老师过来抓住她的后脖领，用力往讲台上拉，让她把昨天跟同学吵架的事讲明白。她的新裙子刮在桌角的一颗钉子上，撕开了一条口子。没想到，气头上的老师竟然说："这么胖，穿什么裙子！"

同学们的笑声响亮地传来，小迪的小脸涨得通红，委屈地哭了。放学回到家，她将自己关在屋里又痛哭了一场。之后，她悄悄将裙子脱下来洗干净，藏在了箱子里。妈妈几次问她为什么不穿裙子，她都以不习惯为借口避开了。

五年级开学前，小迪恳求爸妈把她转到另一所学校去读书。到了新学校，她不敢太接近同学们，也不敢主动亲近老师，她怕再次受到大家的嘲笑与伤害。

班上的王燕同学也是一个胖胖的小女孩，但是性格开朗，学习好，跟同学们相处得很融洽，完全没有小迪的自卑，大家都叫她小燕子。

小燕子对新来的小迪很关心，交往了一段时间之后，关系亲密了起来。一天，在放学的路上，小燕子突然问她："小迪，你怎么好像一直有心事呢？"

"我……我太胖了……"

"就这事呀？你看我不胖吗？妈妈跟我说，鸟儿美在羽毛，人美在心灵。我一直记着呢，可不能为美丑胖瘦发愁呢。"

原来如此！小迪心中如照进一缕强光，她终于找到了

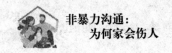

快乐自信的力量源泉，所有的阴影一下消失了。后来，她和小燕子一起学习，同学之间互相帮助……

小迪重新拿出那条花裙子，让妈妈将它缝好。

周围依然有杂音，但小迪不那么在乎了，她用阳光与热情将杂音融化。身为大胖子的她，走出了童年时被别人以貌取人的阴影，成了人间最美的天使。

瑕不掩瑜。

你本应是一块晶莹剔透的美玉，只是碰巧有一天，上帝身边的璞玉太多将你漏掉，忘记打磨了。那就自己打磨自己，直到有一天，你的光彩晶莹为人所知，你的涵养气质征服众人，人们对你的爱又怎么会少呢？

邹敏是六年级女生，成绩优异，但身体肥胖。因这身材，她自小受到的嘲笑不少：

"邹敏，杀年猪了，你当心哦！"

"邹敏，烤乳猪，你吃不吃？"

"邹敏，你还吃啊，膘都这么厚了！"

起初，她总还嘴，后来也只有不理不睬了，嘴长在别人身上，又有什么办法呢？虽然父母多次开导她，但自卑的种子已在她心中顽强地发芽。

她多么渴望参加学校的活动，向老师和同学证明一下自己的实力，这样大家就不会笑话自己胖了。

"下周有一场演讲比赛，班上初赛第一名的同学可以参加学校的决赛，有意向的同学积极报名。"

语文老师宣布的这个好消息让她异常兴奋，终于到了一展身手的时候，一定要让大家刮目相看。她提前写好演讲稿，课余时间一有空就背，教室里、宿舍里、操场边，到处都留下了她的身影。

当天，她自信满满地登上讲台，一通酣畅淋漓的演讲赢得了同学们热烈的掌声。最后，她与同学文静并列第一名。然而，第二天，语文老师私下对她说："邹敏，一般演讲比赛既要看普通话，还要看形象，你看是不是把机会让给文静……"

当头一棒，她瞬间掉进冰窟里，那自卑的芽苗再次拔节。她躲在被窝里，任凭眼泪濡湿了枕头。

第二天到教室，一些没心没肺的同学依然不放过她：

"邹敏，少吃点儿吧，你看这次……嘻嘻！"

"邹敏，知道长胖的坏处了吧？哈哈！"

她呆坐在座位上，沉默不语。

"国庆节要到了，需要组建一支舞蹈队，会跳舞、形象气质佳的同学积极报名。"

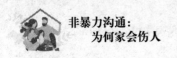

"要举行元旦晚会了，需要四个主持人，普通话好、形象气质佳的同学积极报名。"

形象，形象，形象……

所有的活动都成了选美活动，每举行一次活动，她的心就向深渊坠落一次。她变得越来越敏感、脆弱，同学说的话一不小心就会惹哭她，大家只得小心翼翼。次数多了，同学们的学习与活动就都不再找她了。

她掐灭了心中的希望之火，开始把自己包裹在黑暗之中。

她的情绪变得阴晴不定，她怨老师、怨同学，甚至怨生养她的父母，为什么给了她这样一副尊容。

她开始逃避学校，隔几天请假一天。

焦虑的母亲不得不求助于老师，于是，任科老师关心她，心理老师开导她，一次又一次。她的状态时好时坏，并没有多大起色，谁也叫不醒一个装睡的人。

小学毕业时，她的成绩一落千丈。初中，她已经变成了一个在社会上到处乱混的女生。

心中的杂草疯长，她彻底被击垮了。

有时，人的痛苦缘于把自己的短处当成一颗毒瘤，厌烦却又紧盯着它，并试图切割它。殊不知，且砍且伐，日削月割，不但割不去，反而对自我的伤害更深。

何不洒脱一点儿，相貌不佳，也只是某一角小小的黑暗。如若自强不息，让自身的光亮足够强烈，那一处黑暗自然也被照亮了。

只要心中的杂草不疯长，体重增长又何妨？只要精神不萎靡，心田不贫瘠，也就没有反差带来的撕扯，没有撕扯导致的疼痛。

九方皋相马，可以忽略马外在的颜色与形体，看到马的日行千里之才，我们何不做自己的伯乐呢？

第4节　请不要屏蔽我的努力

每个人的成长都是从童年开始的，经历一次次的痛苦磨砺，经历一次次拔节似的难捱，经历一次次的误解排挤，这些伤害最终能慢慢治愈。而一生都未治愈的，童年的伤痛就会继续。

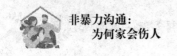
　　"原本我以为你答不出来的，没想到，你竟然答对了。"

　　已经过去好多年，不知怎的，这句话还总会不时飘进我的耳朵里，久久不散。

　　那是小学二年级的某一次数学课，当时我极为难堪地站在课桌前，深深地低着头，听着数学老师宋老师对我的回答进行点评。

　　宋老师这样评价我，他有充分的理由：从一年级起，我学数学的那颗心就仿佛是被人用什么东西给蒙住了，不明白那些数字为什么要像小鸟一样在等号这边那边跳来跳去，也不明白为什么双手的手指头都数完了，还是不够加、不够减……

　　开始的时候，宋老师还有耐心给我讲，但面对我迷茫的眼睛，他渐渐失去了耐心。而胆小怯懦的我一上数学课，当然苦恼加苦恼，一听宋老师要叫同学上讲台做算术题，我就缩进课桌下面，这样宋老师就看不到我了。

　　一年多来，我一次次逃避，一回回退缩，数学对于我来说，简直就是一团搅得我不安宁的泥浆。

　　不知那天是怎么回事，同学们都觉得很难做的题，我竟然思路顺畅，很快就做完了，但我不敢肯定自己的做法是否正确。当宋老师叫到我的时候，我的心里七上八下，站起来犹豫着，然后用惯常极低的声音说出答案。

我把头低得很低，根本不敢看宋老师的眼睛。马上，我收获了宋老师那句刻骨铭心的点评："原本我以为你答不出来的，没想到你竟然答对了。"

我不记得当时自己是怎么坐下的，也不知道当时自己是怎样的表情。平时宋老师不是很待见我，但也不至于当着所有同学的面那样说。

那天放学回家，我很不开心，把宋老师上课说的那句话说给妈妈听。妈妈说："宋老师那样说，是他还不了解你，你只要努力，宋老师一定会很喜欢你的。你记住：以后无论谁说你不行，你都要觉得自己很厉害，然后你再加倍努力，你这一辈子都不会过得很差。"

一辈子对于小小的我来说，太长、太远，但我记住了妈妈说的那句话。

但是，怎么才能够让那些数学题不难做？问要好的同学，她们都说上课认真听老师讲，下课把练习题做一遍，慢慢就能看懂题了。

同学说的话，更让我迷惑了：我上课不是听课了吗？练习题不是也做了吗？为什么我就是听不懂、看不明白呢？又有同学告诉我："你多做几遍，然后叫你爸妈给你多出点课外题，慢慢练习。"

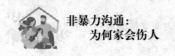

于是，我给自己准备了一大叠用过的作业本做草稿本，从书上的题开始，从每一道例题到每一道课后思考练习题，再到每个单元练习题，一一做过去。

有一天，宋老师见我又在座位上对着那一串数字抓耳挠腮，没好气地说："我都讲过那么多遍了，你怎么就是听不懂呢？真是榆木疙瘩哦！"

"我不是榆木疙瘩，我不是！"我在心里反对，而后又这样安慰自己："只要我每天坚持做，总有一天我也能考90分，我还想考100分呢。"

宋老师或许根本就没有想到，他的那些话不仅没有打倒我，反而激发了我的斗志，并且真的一天天坚持了下来。到小学毕业时，我的数学真的考了98分。

在以后的漫长岁月，我用这种不服输的劲头一步步向前走，尽管艰难，但咬牙坚持了过来，一直到现在……

童年时，那些为学好数学而让自己郁闷得快要呕吐的日子，那些被老师忽略的每一天，那些做着数学题而耳朵里听着同伴欢呼时心痒难耐的旧时光，无疑是一级级台阶，激励着我一步步去爬行、去攀登。

成年后，我领悟到：人生从来都不会有白来的鲜花和掌声，你煎熬走过的每一步，你咬牙坚持的每一个瞬间，

都会成为无坚不摧的力量。

有一年高中同学聚会，同学杨月絮絮叨叨地跟我说了很多，说得最多的是对孩子的担忧，生怕孩子像当年的她一样不受老师待见。

上学时的杨月不爱说话，内心又敏感。她的数学很厉害，经常考高分，可惜偏科太严重，尤其是语文总拖她的后腿，但她从不愿意在语文上多下功夫。

听杨月说完，我说出当年的疑惑："以前跟你聊天，看得出你背的古诗词挺多，知识面也广，可为什么语文成绩那么差？"

杨月告诉我一些陈年往事：爸爸是医生，喜欢读书，所以她还没有上学之前，就背过很多古诗词。

杨月上小学时，语文张老师的性格强势，不喜欢学生反驳她，一旦有不按她的要求做，一定会被批评或惩罚。

那天上课，张老师在念一篇作文《我的傻爸爸》，但她在读"傻"时读的是"sa"。杨月一听，没举手就站起来，用清脆的嗓音告诉张老师应该读"sha"。

张老师的脸一下子沉下来，批评杨月不懂礼貌，发言都不举手。杨月红了脸，悻悻地坐下了。

又一次，张老师写错了一个字，杨月又站起指出来。

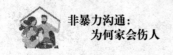
张老师没好气地对她说："就你能干，你不说话，不会有人说你是傻瓜。"

张老师讲课讲到某个故事，恰好是杨月读过的，她就激动万分地把故事后面的内容说了出来。为此，张老师大为恼火。

慢慢地，张老师对杨月很不喜欢。

一旦杨月回答不好问题，张老师常常甩过来一串话："这么简单的题你都答不好，那些书你都白看了。你看你上课一会儿指这个错误、说那个不是，结果自己还不是错得一塌糊涂……"

读到杨月写得不是很通顺的句子，张老师会说："你看了那么多的书有什么用？况且，这段文章我已经说了很多遍……"

杨月虽小，可张老师说的有些话她听得懂，她觉得委屈又难过，不过就是指出张老师的几次错误，不过就是上课打断了张老师的讲话，有必要用那么重的话来说她吗？况且她也不是故意的。

渐渐地，杨月不爱说话了，原本像小鸟一样活泼的小姑娘，突然一下子就学会了在很多场合闭嘴。在她看来，张老师那张漂亮的脸蛋不再漂亮，说话的声音也不再好听，然后连带着对语文也开始仇视起来。

对语文厌恶后，杨月得过且过地混到了小学毕业。上了初中，尽管语文老师温和又慈爱，对她关爱有加，她还是没能重新建立起对语文的热爱和信心，始终学得痛苦不已。

后来，杨月没能考上大学，去了她爸爸所在的医院做了护士。

听着杨月的诉说，我心里滑过一阵阵寒凉。

当年，一次次被老师当众批评、讥讽的杨月，内心是恐惧的吧？那种连时光也无法掩埋的恐惧，从童年起就已深深长在她心底，割也割不掉，所以她才放弃了自己最擅长的，深陷痛苦的泥潭而出不来。

心理学家阿德勒说："幸运的人一生都在被童年治愈，不幸的人一生都在治愈童年。"在成长过程中，每个人都有自己无法让人理解的苦衷，想让自己成长，就得与自己和解，与这个世界和解。

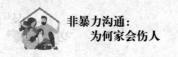

第5节　我对自己也不满意，可也得成长

海明威说：懦夫一生死无数次，勇士一生只死一次。
有位作家型校长把这个句子改写为：懦夫一生只迎战一次
高考，勇士一生却要迎战一千次"高考"。

我深以为然。

是的，学习永远是一场马拉松比赛，不在乎开头跑得
多么快，但是，目标要坚定、长远，且不可被暂时的领先
蒙蔽了双眼。

学校教育，许多孩子聚集在一起求学，参照对象不同，
老师看待学生的目光也就发生了变化：同师，同室，同食，
同时，怎么别人能够做对，你就不行？别人能够考高分，
你就不及格？别人能下笔如有神，你写的就前言不搭后
语？别人分分钟能记住的单词，你记起来比登天还难……

就这样，在老师眼中，我们永远要用自己的弱项去比
别人的强项。

路漫漫，其修远兮。学习路上，每个人都可能会暂时落后，但那绝对不代表最后的结果。

一个女孩有点儿偏科，数学成绩让她整日头疼。

后来，她发现老师每次都是先挑选课后习题测验，连忙背会了每一道题的演算方法，考了100分。

这个100分，让她的老师质疑起来，老师单独把她叫到办公室，顺手拿出一张试卷考她，限时10分钟。这张试卷不是书上的原题，结果自然很不理想。

老师不满之余，却高兴得几乎跳起来：终于抓住你作弊的把柄了。接着，老师在全班同学面前羞辱了她，抓起毛笔在女孩的脸上涂了大鸭蛋，还伴着恶语："你喜欢鸭蛋，我就让你吃个够！"墨汁太多，顺着女孩的脸颊流到嘴里，女孩紧紧地抿着嘴巴。老师还不善罢甘休，让女孩继续去教室外跑两圈……

这个女孩，就是作家三毛。

老师没有办法容得下三毛，三毛默默不语，把心思一股脑儿放在书籍里，她觉得跟书中人交流不用挖空心思看人脸色。古树下，花园中，门槛上，火炉旁……到处都留下了她读书的背影。

在我们看来，那是孤独的背影；在三毛看来，那是世

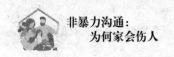

界上最幸福充盈又美好的时刻。这些都没有影响三毛成长为作家的现实。

周莹自小得了软骨病，比同龄人上学整整迟了三年。她写字的时候，一笔一画像是在雕刻，惹得老师很不耐烦，总是留她到最后。别的孩子都回家吃饭了，她一个人还坐在教室里完成作业……

又一天放学后，同学们都走了，老师瞥了一眼教室里的周莹，动了恻隐之心，刚走进教室门角处，映入眼睑的是上次的考试成绩——周莹的考试成绩排名倒数，直接导致的结果是，老师的量化考核因为周莹一个人而降了一个档次。然后领导的声音在耳边响起："没有教不好的学生，只有不会教的老师。你要多下功夫，多找原因……"

想到这儿，刚才掠过的一丝怜悯之心立马变为恨意。"好好写，写完再走！"老师的厉声呵斥中，是周莹挂在脸上的泪珠儿。

渐渐地，周莹把自己想说的话全部倾注在日记中，记录着她的愉悦、她的忧伤、她的收获、她的遗憾，甚至她的失败……那个红色日记本成了她最好的朋友，也成了她走向美好的见证者——省城图书馆，今天迎来了周莹的第七本新书发布会。

周莹召开了读者见面会，分享交流她的写作初衷和感悟。她齐肩短发，落落大方，知性优雅，浑身上下散发着无穷魅力……

成长起来的周莹，提及儿时光阴，她满心感激地说："如果不是自己的'与众不同'，我不会遇见阅读；如果不是老师戴着'有色眼镜'，我不会遇见写作，不会遇见生命中那么多的贵人。最终，我也就会沦为平庸，过着平淡无奇的日子。"

周莹是一朵迟开的花儿，只绽放给自己喜欢的光阴。

慢下来，遇见更好的自己。

三毛儿时遇到那位数学老师是不幸的，她受到的羞辱长时间伴着她，难以自拔；周莹儿时得了软骨病是不幸的，受到病痛的折磨和同伴的奚落。可是，她们又是幸运儿，命运眷顾了她们的努力，眷顾了她们的坚持。

小学二年级，小裕从乡下老家转到爸妈打工的城里上学。小裕一万个不愿意，可又有什么办法，跟他相依为命的爷爷离世了。爸妈接他离开的那一天，他哭成个泪人儿，他不想进城，不想离开小伙伴，更不想离开老屋。

城里的新奇并没有引起小裕的兴致，他上课走神儿，老师罚他站到教室外面；他听不懂城里人讲话，被同学

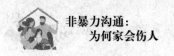

耻笑。渐渐地，"乡下仔"成了小裕的绰号。

起初，小裕倒不是很在意，他想着自己适应了这里的环境，把成绩赶上去，老师和同学自然会对他刮目相看。

小裕很努力，成绩却不是一般的差。他哪里知道这就是城乡教育的差异，单单课外辅导班，他就一个也没有上。

作文考试，小裕写了一篇《我的爷爷》，倾诉着对爷爷的思念，得了全班最高分。可发试卷的时候，语文老师认为小裕没有这么高的写作水平，肯定有水分，当着全班同学的面把作文分数改低了。

小裕很伤心，也想不通：为什么自己就不能得高分？

值周老师检查教室卫生，发现小裕班的后墙角有污渍，还伴着尿骚味。班主任进了教室直接就喊小裕："是不是你干的？在农村随地小便的习惯改不了吗？"

上课时黑板没擦干净，老师知道了是小裕那组，直接就说："小裕，你学习不好，连卫生都搞不好吗？"

小裕就这样拧拧巴巴地从二年级升到三年级，越来越不喜欢去学校，因为没老师喜欢他，他也没有朋友。

三年级的班主任好像从二年级老师那里获取了全班孩子的信息，对小裕越发忽视。坐在教室最后面角落里的小裕，除了同学们放卫生工具时对他瞄一眼，他几乎就是"孤岛"的唯一居民。

　　师生是一种特殊的关系，仅凭一段缘分，仅凭一份责任，走到了一起。可以不喜欢，请不要伤害，因为每个孩子都是一个家庭的希望，后面都是眼巴巴期待他美好成长的爸爸妈妈。

　　春天时繁花锦簇，但花开总有快慢，早开有早开的艳丽和夺目，迟开有迟开的娇艳和风韵。"人间四月芳菲尽，山寺桃花始盛开"，这始所未料的一片春景飞入眼帘时，该是让人感到多么的惊异和欣喜啊。

　　求学路上的一些孩子如这迟开的花，得允许他们慢慢成长。

第6节　在你看不见的地方，我绽放了自己的美好

　　赞美、鼓励的语言能给人带来欢乐与期望，而不适宜的语言给人带来的只有彻骨的寒心与绝望。

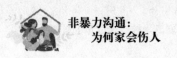

在成长的道路上，我们或多或少会遇到他人的误解与冷落，特别是童年时代，老师有失公允的批评、粗心的忽视，会刺伤脆弱的心灵，以致后来我们要用一生来治愈。

正因为世界的不完美，我们才要一点一滴地寻找美好，拥抱一个更好的自己，而不是死死地盯着累累的伤痕，一遍遍痛苦地撕扯它。

小柔的身体胖但灵活，整天乐呵呵的，有她在的场合经常欢笑如浪潮。她好像有一种温暖的能量场，散发着香气，让你陶醉其中。可谁能想到，这么一个可爱的人儿，在本应有的烂漫童年里却充斥着足以迷失自己的灰色。

无力的病秧子。

小柔经常开玩笑说自己就是个半成品。母亲生她的时候已经四十五岁，自己出生后，一年有九个月都在生病。小柔那副有气无力的样子，以致乡邻们总对她母亲说："你家老小咋不像哥哥姐姐那样聪明伶俐。"母亲也对着小柔叹气。

懦弱到只会哭。

也许是身体瘦弱的原因，被人欺负了，小柔也从不反抗，常常一个人出去坐在自家门前的石墩上，回来的时候脸上就多了泪痕——唯一的办法，就是她哭着回家告诉哥哥姐姐，让他们给自己出气。

被忽略的角落。

因为体弱多病，上一年级时小柔经常要请假，学校里的集体活动几乎都把她忽略不计。体育课，她也是永远的唯一观众。

列入另类的区别，拨动了小柔心里那根倔强的神经。下午放学回家后，做完作业，她一个人在后门外自留地里那条小路上来回奔跑。

二年级时的小柔，就像自己家门口那棵臭椿树，依然在嘲笑与忽略中生活，唯一的变化就是上学时不经常请假了。

三年级的时候，贾老师担任小柔的班主任。也许是受其他老师的影响，一开学排座位，贾老师把小柔安排在最后一桌，看管劳动工具，单人单桌。

课堂上的小柔，安安静静地听课，默默地做作业，似乎永远都是一个旁观者。但她心里暗暗给自己鼓劲：努力，用功，要让全世界对你另眼相看。

一次，课堂练习多位数乘法时，同学们还在埋头演算，小柔已经做完，举手示意老师。贾老师站在讲台上，说："连小柔同学都能做完，你们还没做完吗？"

那一刻，怀疑与否定，让小柔心中的委屈与不平像冲

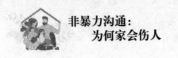
破闸门的水流，喷涌而出。她用几乎快要哭出来的声音喊道："我为什么不可以先做完？为什么我做什么都不对？"这节课，在老师和同学们惊讶的目光中结束了。

一个阳光温暖的中午，贾老师拿着一张表，告诉大家运动会开始项目报名了。

小柔也走到讲桌前报名，贾老师问："这是体育比赛，你行吗？"班长说："小柔你可要想好，你有什么特长？"可恶的狗娃指着小柔狂笑："你还想报名，笑死我了。"

回家后，小柔找大姐商量。当老师的大姐听后，对小柔说："你去找贾老师说出你的想法，锻炼锻炼自己，不要啥事情出来都想着让哥哥姐姐替你做主。"最终，小柔报上了名。

运动场上，检录处一遍遍喊着小柔的名字：

100 米决赛第一名；

60 米决赛第一名；

50 米跳绳决赛第一名。

一鸣惊人。

一双双羡慕的目光，给灰色的心带来丝丝的兴奋；一阵阵的欢呼声，填平了胸中的自卑与懦弱。从此，小柔心灵的山川大地被自信的阳光照耀。

五年级时，小柔已经是班级里同学们争抢着一起坐的同桌。她用努力和乐观，为童年增添了缤纷色彩。

现在成为老师的小柔，是一个心细如发的知心姐姐，她时时告诫自己：教师不仅仅是一种职业，更需要良好的素质，要用耐心、细心聚成一束光源，成为温暖一方的太阳——慷慨赠予孩子们中肯的赞美与鼓励，杜绝冷漠与武断、挖苦与嘲讽，倾其所有的光热让每一个孩子都闪闪发光。

因为曾经的伤痛，更懂得抚慰的力量；因为昔日的冷遇，深知呵护的温暖；因为幼时的晦暗，才要绽放成一片烂漫的花海。

做自己的救世主，这世上还有很多美好。

妮妮是文艺女青年一枚，一位十四岁女孩的母亲，是我的表妹也是我的同事。

我得知妮妮喝安眠药住院的消息后，去中心医院探望她。躺在病床上的妮妮，神情倦怠而憔悴，跟以往那个追求浪漫情调的漂亮公主产生不了一点点的联系。

看见我，妮妮的眼睛红了，继而神情黯然地对我说："姐姐，都怪以前自己太幼稚、爱冲动，才做下让自己都无法原谅的错……"

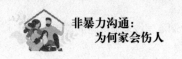

"可不是，要不是女儿及时发现，你铁了心用自己的生命来为这次事件埋单吗？傻瓜。"我心里恨恨的，"妮妮，你啥时候听过人劝。大学毕业，为了所谓的爱情扔了工作，私奔去西藏。五年后，独自一人带着女儿回来。这次，又是为了自己设想的爱情而蹚浑水、受欺骗，闹到了不可收拾的地步……"

我跟妮妮絮叨着，往事仿佛在眼前。

妮妮是抱养的，是爸爸妈妈的小公主。

公主就是：幼儿园的妮妮不仅漂亮，还会说让老师甜到心头的话；小学时的妮妮，是父母的自豪、老师的骄傲。

自豪和骄傲，又带给妮妮无端的任性。

六岁的妮妮，星期天在家玩，要让妈妈扮演狼外婆。妈妈正在和面做馒头，说了声等一会儿，妮妮不高兴了，父亲给她扮演也不行。她哭着闹着，妈妈最后妥协了，合着双手说了五声"对不起"，妮妮才算平静下来。

无原则地宠溺，只能让任性疯长。

小学四年级，学校组织儿童节节目表演。妮妮是班里的骨干，从策划、组织、训练、服装的租借等，那可是一站式指挥。她给班主任打过包票，肯定会拿第一。结果正式比赛那天，她连末等奖也没获得，而且排名很靠后。

班主任的脸上挂不住，狠狠批评了妮妮几句。妮妮流出了世界上最委屈、最痛苦的泪水，跑回家，一周不去上学，两周不去上学。任妈妈好说歹说，结果一年了也不去学校。

再去上学的妮妮，已经成为老师手里的烫手山芋：作业不交，来去自由。任课老师轮番上阵跟妮妮谈心，叫来父母谈话，结果的结果，没有丝毫效果。

妮妮，你有你的世界，时时刻刻要求受关注，成为世界的中心。可世界有世界的计划，你错就错在活在自己想象的世界中，所以你一直在艰难地原地踏步。

成长是一条流淌着的河流，水面倒映着的就是你的人生。你对它哭，它就对你哭；你对它笑，它就对你笑。

人生是一条单行道，童年无法改写，小时候那些疯长的任性只会让自己一直伤痕不断。成年的你，有责任用格外的冷静与想法包扎伤口，让其痊愈。

你不快乐的每一天，都不是你的，因为你只是虚度了它。

/ 第六章 /

淡忘学校同伴无形的打击

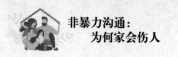

非暴力沟通：
为何家会伤人

第1节　小组拖后腿的那个家伙，也需要安慰

金无足赤，人无完人。回首童年，谁又是常胜将军？你体育好，我美术强，他演讲有感染力，还有些孩子真的没有丝毫特长，在小组活动中就成了拖后腿的人。

拖后腿的那一刻，你得到帮助或安慰了吗？或者相反，你受到了歧视与排斥、嘲笑与打击了吗？

时间就是一支箭，将不同人的生活分成两片天。拖后腿的人，有人化蛹成蝶，后来居上；也有人自惭形秽，一生在舔舐伤口。

二十五岁的王平，身材颀长而匀称，在聚会的同学中算得上鹤立鸡群。大家看着面前的王平举止大方，都啧啧称赞——谁也想不到，曾经班上最矮的他，一跃成为现在的帅气小伙。

听着同学们的称赞，王平的心里十分快活，从前的自卑心理早已被时间的清风一扫而光。当有人问及那两次长跑比赛，为何他成了黑马，他笑而不答。只有他自己知道，哪里有什么黑马；也只有他自己知道，那时他的伤有多痛、多深。他至今仍感谢那棵树，在痛苦的深渊中给了自己有力的安慰，使自己从阴影中挣脱了出来。

十一岁时，王平身形瘦小，是班里个子最矮的学生。

在学校里，他最怕上体育课。每当体育老师分组竞赛时，他总是拖后腿的那个。起初，同学们还能接受，次数渐多，大家都不再接纳他。拔河，算了吧，力气这么小；接力跑，再长长吧，腿这么短；篮球比赛，练结实点儿再说吧，这身板哪经得起撞呀！

王平无法反击，谁让自己经常拖同学的后腿呢。

他是那样自卑，以致常常躲开同学。每当有空，他就一个人跑到操场上去散心。一天，他发现了一棵受伤的树，树干上缠着铁丝——那是以前学校举行大型活动时缠在这里拉绳索贴标语的。铁丝紧紧勒住树干不放，把树干都勒出了深深的凹痕。树越是不停生长，铁丝就勒得越紧。树却依然顽强地生长，向四周生长，向高处生长。

又过了一段时间，他再去看那棵树，看到了奇迹。

那几圈铁丝已经断掉，散落在树的周围。铁丝禁不住日晒雨淋，锈蚀了，失去了韧劲。它把树箍得太紧，而树

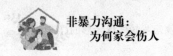

越长越粗时，就被挣断了。

王平感到很震撼，也很感动——他感受到大树给予了自己莫大的安慰与鼓励。他豁然开朗，他要像大树一样，把人们的眼光与嘲笑当作软弱的铁丝。

当晚，他做出一个决定，每天上学、放学途中都坚持跑步。起初几天，他跑着很吃力，几乎想要放弃。但想着树被铁丝勒得伤痕累累也不停止生长，又坚持了下去。

他风雨无阻地坚持了半年。从外形看来，他没有明显的变化，但只有他自己知道，在心理承受能力上和身体素质上，他都得到了很大提高。

一年之后，他的体育成绩突飞猛进。

一次，学校要举行长跑比赛。外表柔弱、内心坚强的他毅然报了两项长跑：800 米，1000 米。

虽然，他的个子依然没有明显的变化，但是他相信，这次长跑比赛，他不但不会拖班级或小组的后腿，反而会跑出好成绩。他还坚信，今后长长的人生也会跑出好成绩。

无论何人，如果在某一方面短处，那就有可能成为小组拖后腿的那个家伙。

他山之石，可以攻玉。有时，凭我们的能力无法走出时，去寻找可以给自己安慰的人或物。

当我们一叶障目，被自己的短处遮蔽了长处时，它们可以帮助我们看到：在某一方面拖后腿并不代表什么，我们不一定就是那一根不能拉长的小指。

一次，倪贝贝与闺密谈到孩童时所受的伤害，泣不成声。

倪贝贝至今还记得那段令人瑟缩发抖的日子。

五年级开学了，老师重新编排座位，贝贝和班长成了同桌。起初，她以为自己可以得到班长的照顾，没想到却成了噩梦的开始。

班里分成几个学习小组，贝贝和班长在一组。班长总嫌她学习成绩不好，拖了小组后腿。起初，班长还只是说说，后来就小声嘀咕：小笨猪，豆腐脑，学渣……

五年级下学期，语文老师分组学习《中华上下五千年》。班长兼小组长安排贝贝背诵文言文，这一项如果能背下来，可以给小组多加五分。

贝贝担心自己拖小组后腿，课后很努力背诵。可是轮到上台背诵时，她紧张得脸都涨红了，背过的全忘了。因为贝贝这一环节的失误，不但失去了加分的机会，反而被扣了五分。最终，他们组没有评上先进小组。

贝贝回到座位时，班长怒气冲冲地盯着她。过了一会

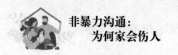

儿，她正在专心听课，忽然感觉大腿一疼，原来是班长拿着笔正戳她的腿。

文静的贝贝，把这一切都忍了下来。

贝贝的父母很温和，在学习上从不强迫她。母亲见她喜欢写字，给她报了一个书法培训班。慢慢地，她写的字比班长写的字都好看，可是，暴力又开始了。班长嫉妒贝贝写字写得好，就在上课写字时限制她——他让她写，她才能写，没写或多写都会用钢笔戳她的大腿。

贝贝打不过班长，也说不过他。再说，自己本来就是拖班上和小组后腿的人，所以就没有将这事告诉老师。她也不敢跟家人说，因为班长说如果贝贝敢告状，他会更加用力戳她。

就这样忍着疼痛，她都数不清大腿上有了多少个小黑点、小红点。每一个点，皮肤里都是墨水，洗也洗不掉。

每天到学校门口，想起那个可怕的班长，她就开始发抖。离开学校时，似乎班长还在背后追着，她不停催促自己快走快走。下课了，她就躲在厕所，或者在花园里待着，避着班长。

一天，快到半夜时分，妈妈被贝贝的喊声惊醒了，她赶忙跑到贝贝的房间一看，原来贝贝在做噩梦。妈妈赶紧抱住贝贝安慰着，谁知，贝贝喊着："妈妈，疼，我腿疼。"

妈妈把贝贝的裤腿掀起来一看，吓了一跳：贝贝两条大腿上密密麻麻全是小黑点，有些地方还有乌青。

贝贝掩饰说是自己不小心摔的。但妈妈一眼就看出，这不是摔伤，倒像是利器戳伤的。在妈妈的追问下，贝贝才不得不说出实情。

妈妈带贝贝去医院，医生说，贝贝的外伤并不严重，过段时间就会好。但她的心理创伤，却一生难以治愈。

这个世界上，有多少人外表完好，内心却水深火热；有多少人，又是带着伤行走，在过去的阴影中疗伤，在对未来的希望中彷徨。

还记得杨绛先生在《老王》一文的结尾说：这是一个幸运者对一个不幸者的愧怍。让我们对弱者多一份善良的关爱，不要让孤寂的心灵在寒夜里瑟瑟无依。

每个人都有短处，有时或许因为这小小的短处阻碍了成功。面对他人的嘲笑、排斥、打击，我们无须过分低沉，要坚信，在前方总有可以给予我们温暖的人或物。

成功只是一时的光环。如果只看到功利，无视人情，对一个人造成了伤害，则会影响他一生的幸福。

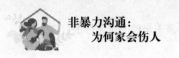

第 2 节　在众多的光束下，我也没有阴影

　　没有人可以生活在真空环境中，一个人的一生中，总有些光彩夺目的人会引起我们心灵的波动。作为孩子，在成长过程中都有一个"别人家的孩子"如影随形，校园里更是如此。

　　"别人家的孩子"就像马达，催人奋进，也让人不安。在学校里，优秀的人很多，回答问题、考试、普通话演讲、主持、舞蹈、绘画、书法、篮球、田径……各方面的能人辈出，如同一束束强光攒射——有人看成舞台炫目的灯光，尽力演好自己的角色；有人看成刺眼的强光，不敢睁眼直面。

　　张媛在高中毕业之后，随着父母搬迁新居。在整理书籍时，她意外发现了自己的小学日记，心中有些五味杂陈。

　　日记里频繁出现"别人家的孩子"。那是曾经的一道伤，还好，她靠着自身的免疫没有留下疤痕。

大概是从上小学一年级开始，她的耳边就开始响着"别人家的孩子"，无形中总有"别人家的孩子"在与自己暗中较劲。还好，一年级没有多少竞争好胜之心，只有两门主课，还没有明显的差距。

不知怎的，从三年级开始，班上的强人像雨后春笋般冒了出来，竞争对手多了起来，老师的唠叨也多起来：

张媛，这次你的英语比某某差 10 分哟。

张媛，这次你的语文比某某差 8 分呢。

张媛，这次数学怎么考的，比某某差了 15 分。

张媛渐渐感受到压力在增强，她也曾暗下决心，要脚踏实地走好自己的路，走出最美的自我。

可是，过不了多久，她就觉得有些累了。她常常苦恼地想：为什么老师总要把我跟别人比来比去呢？难道我们学习的目的就是去超越别人？老师，你能否只爱我本来的样子？

四年级开学，班主任拿着上学期的期末考试卷，又开始唠叨了："张媛，你怎么总提不起劲儿呢？你看看，跟大家的差距是不是有点儿大了？"

别人家的孩子！张媛似乎越来越反感——老师的话，就像在她稚嫩的心里划下了一道伤。她整天闷闷不乐，自

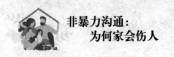
己明明努力了，却为什么总是赶不上他们。

默默无闻的张媛，多想得到老师的肯定与鼓励、赏识与表扬。可是，这样的话很少能听到。她想从这窒息的包围中挣脱，哪怕是回家帮妈妈做家务也好，不用整天活在别人的阴影中。

可只要与人扎堆，就自然形成了比较，她几乎怀疑自己是一只笨头笨脑的丑小鸭。

一次，她去逛书店，偶然间看见了司马彦的字帖，极为喜爱，就买回来勤学苦练。父母见她喜欢书法，就让她报了书法培训班。于是，她的书法水平突飞猛进，在班级中脱颖而出。

六年级的一次期中考试，她的作文质量很高，与极为漂亮的卷面字体相得益彰，引得语文老师啧啧称赞。老师将她的试卷复印下来，让全年级互相传阅。

"张媛，你小小年纪写硬笔书法就这么好了，今后一定会有出息的。"班主任老师改变了对她的看法。

张媛的自信心得到了极大的提升，其他文化课也奇迹般地提升起来。最后，与那些优秀的同学相比，至于谁胜谁负不再重要，重要的是，大家一起陪伴、一起努力的那一段时光拯救了她，也影响了他人的美好时光。

　　各人的天赋与才能不同，又何必强求一律。

　　不要用一生来为他人的光环埋单，否则你除了妄自菲薄，什么也没有。每个人只要尽力发挥好自己的天赋与才能，都应当感到高兴与满足。他人可以，你也可以。

　　蓝冰是单位的笔杆子，她也不乏开朗与爱心，是同事眼中的优秀者。但是，她的内心深处却自卑怯懦、敏感多疑、孤独逃避。

　　据蓝冰自述，她有一个不堪回首的童年。

　　蓝冰自小生活在农村，家中条件很一般，经济经常拮据。她的成长，受到了同学的富裕、优秀、自由、成绩优异等多重光环的影响。

　　小学五年级，因为父母到城里打工，她也跟着到城里读书。但她万万没想到，这次转学，对她的心理造成了一生的影响。

　　体育课，老师要求穿运动套装。当时运动衣要五六十元一套，这对从乡村来的她而言，其难度可谓上天摘星。当时她的生活费一周才七八元，一套运动服可是要花掉大半年的生活费呀，还别提运动鞋了。

　　看着整日劳累的父母，她只好把这一切压力独自承担。为了不被老师批评，她只好穿着秋裤上体育课，在同

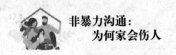

学之中显得格外显眼。她听到了同学的窃窃私语，心蹦得紧紧的，不敢直面他们的目光。

以上只是冰山一角，还有更多无心却客观存在的比较，让她黯然神伤。

科学老师刚下课，同学 A 就滔滔不绝地背诵上课内容，而自己脑子里却一片空白；也曾仰视同学 B 在数学课上对答如流，自己却瑟瑟胆寒，害怕抽问；曾羡慕同学 C 写的作文字字珠玑，自己却是绞尽脑汁、笔涩词枯。

不仅在学习上，在综合能力上她也是望尘莫及。

那么多的他们如天空的日月，那么光亮，那么夺目。而自己呢，却微弱如萤火之光，如暗夜之烛。

这灰色无光的童年啊！

后来长大了，她才明白，无论是背书还是做题，有很大一部分原因是自己早期的启蒙教育缺失，课外阅读积累甚少，父母的家庭教育心理疏导缺位，再加上以前就读于乡村学校没有打下牢固的基础，导致了一系列的后遗症。

好在，她从中学时期、大学时期到参加工作后，一直都勤奋有加，能力的提升、经济的改善都有了较满意的结果，读书时曾经光鲜一时的同学都可以平视了。

只是，年少时深深的自卑却挥之不去，隐隐生疼。

庆幸的是，如今老师都和蔼可亲，物质条件丰富，指引心灵的书籍也多了起来，成长中的诸多困惑可以及时得到解决。

爱出者爱返，福往者福来。用我们的爱缩小彼此心里的阴影面积，阳光的温暖就传递给了彼此。

身边有了优秀的人，除了羡慕嫉妒、自我矮化，我们也可以选择接受。

接受他人的优秀，接受自己的不完美，或奋起直追，或完善自我。这时，才是真正爱自己的开始。

第3节　被孤立后，我慢慢变得强大而阳光

没有人不喜欢热闹，但不是每个人都受人欢迎，能够融入到与别人有关的热闹里。当因种种原因想融入而被拒绝时，绝不可以被孤独淹没而后变得面目全非。

孤独没有那么可怕，我们完全可以对孤独做出别样的

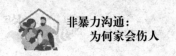

解读：没有干扰，可以专注地做自己想做的事，还避免了盲从。这样看待孤独，孤独是不是成了起跳前的蓄势？

每件事或每种遭遇都是一把"双刃剑"，你面对的方法，将决定自己是受伤还是受益。

美贤在家里是个公主，她还有个哥哥。可就在她两岁那年，哥哥玩火烧了房子，烧毁了她的一只手。

在家，有爹妈、有哥哥护着，美贤也没觉得那只手有多难看，多不方便。开始上幼儿园了，她才发现自己在小伙伴惊讶的目光里被看成了怪兽，好像她没有了一只手，反而让小伙伴们感到不舒服。

小孩子的话语，直率得像一把把尖刀——

"你都没有手，不要参加啦。"活动时，美贤被拒绝因为大家都拉着手围成圈，这似乎合情合理。

"狗爪子都比你的手好看。"小伙伴笑嘻嘻地开着自己觉得不疼不痒的玩笑，却不知这话像入骨的钢针，扎得美贤心疼。

"独手大侠，来搬桌子。"小女生也跟着起哄，也在等着看她被气哭。

要强的美贤背地里哭过很多次，每当那时，姑姑就说："女娃娃越哭越丑，笑才好看。无论遇到啥，你都要学会欢欢喜喜地笑，瞧，你的大眼睛、弯眉毛，多好看……"

哥哥也说："没人跟你玩，你就自己玩。自己定规矩，愿意咋玩就咋玩，每次都是自己赢，多美！"

美贤是个听话的孩子，姑姑和哥哥说得很对，干吗不让自己快快乐乐的？

美贤学会了自己跟自己玩，慢慢地，她看着热热闹闹的伙伴们，好像自己也插着翅膀融进去了。她在想象中玩着，还编起了故事，越编越有意思。为什么不记下来呢？她就编呀写呀，写的多是自己最真实的想法、自己的情绪。在她的笔下，她拥有各种快乐，骄傲得像公主。

有一次，美贤写的日记被语文老师看到了，满脸惊讶。当知道她写的是自己，老师就声情并茂地读给了全班孩子，说这是最好的作文。

当小伙伴无比羡慕地看着美贤时，美贤低下了头：这哪里只是作文，这是自己筑起的心灵城堡，挡住来自外面的凄风苦雨，还酿造出了独属自己的快乐。

后来，美贤越来越尝到写作带给自己的甜头，一直将日记写到高三前。高考前的紧张复习，让她暂时放下了笔，可这并不妨碍她成为优秀的文科生。

生活中，美贤尽可能地拒绝哥哥的帮助。比如，她不知摔倒了多少次，单手握把学会了骑自行车。

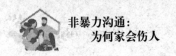

美贤的笑容是明媚的，只是一直拒绝在夏天穿短袖，她说怕吓着第一眼看到的人。

条件已经很好的今天，美贤让那只手——如果可以称之为手的话，还是以原状存在。她说："不喜欢假的，我这才是真正的'拳击手'，没有它回击不了的。"

美贤说这话时，阳光洒在脸庞上，如金子在发光。

成长中，没有人会一直风调雨顺，突如其来的灾难便有可能扭转人生的大方向。无法避免风雨，又无处藏匿时，得学会自己给自己构筑心灵的城堡，种植芬芳，给自己一片晴空。

包敏是我小学四年级的同学，之所以今天我还能记得这么清楚，因为她是我们班第一个辍学的，只上了四年小学。这一切的原因，源于她小时候的自闭心理。

包敏家跟我家中间隔了三家，我俩在还没有进学校前就天天在一起玩。听母亲说，小时候，我连吃饭都要跟包敏趴在一张饭桌上，可能缘于包敏太好说话了，我咋霸道，她都一脸不计较的憨笑。

母亲的后半句话，让我每每想起就伤感：小学只上了四年的包敏，而今日子过得真艰难。她丈夫重男轻女，遗憾的是，她生了两个女孩，结果就是她的身体越来越差。

我一直在想，包敏要是不辍学的话，完全可能过上另一种生活。可世界之大，却没有"要是"的容身之处。

总是一脸憨笑的包敏，其实不爱说话，不爱说话的孩子似乎注定不讨人喜欢。

记得刚上学，有的孩子问包敏几句，她才慢吞吞地回复一句，时间长了，人家就直接喊她"小结巴"。

包敏一点儿都不结巴，只是性子慢。有时她看着哪里出神，别人喊几声不答应，就有人叫她"小呆子"。

包敏不大像别的孩子那样爱蹦蹦跳跳，她过于安静，好像心事特别多。我总觉得，包敏是一直在悄悄理顺自己的小心思，才对伙伴的呼唤与问话反应慢，被误解也是必然的。

自以为聪明的我，也曾给包敏支招。我说："谁骂你，你不回骂，就说'挡挡挡'，把骂你的话就挡回去了。"现在想来，我也真是幼稚得冒泡。包敏没那胆量，更没那心思，她太善良了。多年后，每次我想起儿时的包敏就感慨万分，没有原则的善良，就是自取其辱。

没人喜欢包敏，我之所以陪着她不是因为喜欢，而是觉得我俩从小就在一起长大，是"一伙的"。可有那么多的热闹吸引着我，一个小孩子哪会悉心照顾另一个小孩

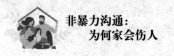

子？更多的时候，我自个儿贪玩得都收不住心，就留下了孤孤单单的包敏。

有几次，我跟她说："不要怕她们，你就没脸没皮地加入进去玩，谁能挡住？"包敏只是深深地埋下了头。

后来，包敏就自觉地远离了同学们，班里有大活动时，半天都找不到她，也不知道她将自己藏到哪里去了。她是不让自己尴尬，还是避免受到来自小伙伴的伤害？那时的她哪里知道，只有挺过伤害，自己才会成长。

包敏不知道，我们都不知道，也没有人蹲下来说给我们听——在跌跌撞撞中摸索着自己成长，难免会有遗憾乘虚而入。

一个人要想藏起来，完全可以彻底到连心都封闭。包敏变得真正沉默了，连慢慢说也不愿意了，干脆闭上了嘴。

五年级开学，或许没有人注意到包敏的消失。只是，班主任老师点名时顿了一下，把包敏的名字提笔一划。

包敏在家帮着妈妈带弟弟，我也时常遇到她，但是我俩的话越说越少，以致后来已无话可说。再后来，就是从母亲嘴里得知她的消息了。有一年回老家，母亲说包敏跟她借钱给孩子看病。那时我家已从村里搬到镇上，听到那件事时，我反应过来的第一句话是：不要她还的钱。

那一刻，我鼻子发酸，难受又无力。

我常常想起包敏，一个并不是因学习吃力而停止奔跑的孩子，一个只是性情温顺就被当作笨的孩子，一个默默接受别人的伤害并视为理所当然的孩子。到底，是谁终止了她的成长？责任都得小伙伴来承担吗？

再小的孩子也得有自己的判断，不能在别人否定自己时再打自己一棒槌。爱自己的最好方式，是保护好自己。

被孤立或许在所难免，而如何面对则是自己的智慧与选择。自己没有憧憬，就会被孤独淹没；而自己有了亮光，则会在孤独中蓄精养锐。

第4节 被抛在身后，照样学会了你优雅的走姿

年幼的你，也许有过这样的经历：小伙伴寥寥几笔便勾勒出一幅小画，你却无从下笔；别的小朋友隔三岔五地穿了新衣，打扮得像个洋娃娃，你却只有几件灰旧的衣服

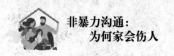

替换，寒酸又土气；别的同学口齿伶俐，在课堂上回答问题头头是道，你却将头埋得极低，生怕老师点名……

小小年纪的你，已经看到自己跟别人的种种差距。

怎么办呢？继续蜷缩在墙角，看着别人远去的背影暗自伤感流泪，心中翻腾起无数抱怨？还是将那背影看作一面向你挥舞的旗帜，迎着它追上去？

也许就在那一静一动间，你的人生就会走向完全不同的两端。

我的高中同学萧萧，是大家公认的开心果。

萧萧温暖阳光、幽默自信。那时，沉重的课业让不少同学喘不过气来，可萧萧有自己的解压方法，课间去操场跑几圈，大汗淋漓后元气满满；打扫卫生时，发现有女生身体不适，她抢过扫帚来干活儿，还笑着说自己最近胖了，多干活儿可以减肥；考试没考好，别人唉声叹气，萧萧也做出一副痛苦的样子，长叹一声："哎呀，肯定是我这两天减肥，力气不够才没考好，下次考试前可得吃饱了呀……"周围的同学笑得眼泪都出来了。

这样的萧萧，谁会不喜欢呢？周末闲聊，萧萧却说："每个人不是生来就乐观向上，我也曾敏感自卑，躲在角落里暗暗落泪过。"

　　萧萧出生在一个重男轻女的家庭里。刚开始她像个公主，后来弟弟出生了，她觉得自己没有什么闪光点，只好做一个安静、懂事的孩子，免得父母厌烦。

　　萧萧上学了，别的孩子叽叽喳喳，讨论新衣服、新文具、新皮筋……萧萧安安分分地坐在座位上，把玩着铅笔盒，那是表姐用旧了淘汰给她的。

　　上美术课，萧萧怎么都画不出老师要求的花瓶；念数字最多念到"5"，后面的就记不住了；写字，横平竖直倒是没问题，"撇"和"捺"常常搞混……

　　同村的云芳比萧萧大两岁，她画画、记数、写字样样学得快，深得老师的喜爱。萧萧常常远远地看着云芳，她多希望自己跟云芳一样聪慧啊。

　　一次，邻桌的同学嘲笑萧萧的旧文具、旧衣服。萧萧很委屈，泪珠在眼眶里打转，却说不出一句话。云芳见状，上前跟那个同学吵起来，说大家来学校是为了读书的，又不是来比谁的衣服新旧。

　　此后，云芳便格外关照萧萧，而萧萧也开始敞开心扉，学着接受别人的善意和关心。

　　不知不觉，萧萧变了。上课的时候，她开始举手，虽然还是有点儿犹疑；课间活动时，她主动邀请同学们一起玩；回到家，她会跟父母讲一些学校里发生的趣事儿。慢

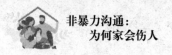

慢地，那个自卑胆怯的萧萧不见了。

一年级期末考试的时候，萧萧的数学得了 100 分，是班里唯一的满分，她激动极了。云芳冲她眨眨眼，说："萧萧，班里数你进步快。加油，你以后会更厉害呢！"

萧萧真的像云芳说的那样，越来越厉害。小升初、初升高，她一路领先，后来还考上了重点大学。最关键的是，她越来越自信，尽管生活中还是会有一些风浪，但她再也不会蜷缩在角落里暗自饮泣。而云芳依旧优秀、能干，开了一家美容店、一家服装店，生意都不错。

萧萧说："在我成长的道路上，云芳就像一面小红旗在前方飘扬，鼓舞我、激励我，照亮了我原本黯淡的童年时光。"这么多年，虽然她和云芳在各忙各的，但是她心底会时常浮现出那两个并肩走路的小女孩。她感激云芳的鼓励，感激童年的自己不曾放弃，才成就了今天的自己。

我想，萧萧是幸运的。

萧萧被命运抛在一个并不醒目的起点，她有理由嗟叹命运的不公，从而继续做一个庸常、没有多少存在感的自己。可是，她没有。她选择了追上去，从而为自己的人生打开了新的可能。

小海是我的表弟，他父亲是乡镇邮电所的职员，母亲在家务农。

小海八岁时，一家人从山里的老家搬到镇上租房住。刚开始，他很兴奋，小镇上有商店、饭馆，比老家好太多了。可是没多久，他就有些垂头丧气，同学们的家境好，有各式各样的玩具、衣物、书籍，这让他羡慕不已。

最让小海受不了的还不是这些。每天放学，别人的爸爸妈妈或开车或骑摩托车来接，小海家只有一辆半旧的自行车，妈妈便每天骑着这辆自行车来接他。

有一次放学，小海想着做完作业再走。过了一会儿，有同学进来喊他："小海，你奶奶在外面等你！"小海愣了一会儿才反应过来，因为妈妈比其他同学的妈妈年长许多，便被人理所当然地当成了奶奶。

小海感到羞愧，他走出教室，远远地看见倚在自行车旁的妈妈，头发有些乱，衣服也皱巴巴的，又老又土气。那天回家后，他大吵着不让妈妈再来接他。父母面面相觑，唉声叹气。

自此以后，小海不时跟父母要钱，他要买新文具、新玩具。如果父母不给，他就大叫："为什么你们又老又穷，什么都没有？"这话一出，父亲打了小海一巴掌，然后蹲在墙角抽烟，母亲默默流泪。小海呢，哭着跑出去了……

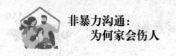
　　以后，不管遇到什么事，小海似乎都能怨到父母头上。成绩考不好，怨父母年龄大、文化低，不能给他辅导功课；六一儿童节，他没有表演节目，哭着埋怨父母没有帮他准备；节假日，别的小朋友有新衣穿，他哭闹自己为什么没有……父母不懂如何跟小海沟通，实在被吵得烦了，父亲就狠狠地打他一顿。

　　慢慢地，小海长大了。他学习不算太差，考进了县里的重点初中。在那里，他又一次经历了巨大的落差——同学们的家境和见识都远远超过了他。

　　小海对父母的埋怨又多了几层。他开始学着抽烟、上网，甚至喝酒。初中毕业后，他去了一所中专学校读书。毕业后，他做过服务员、收银员，学过厨师、理发师，但每一次都虎头蛇尾。

　　前些天，在一个亲戚家里，我碰到了小海。寒暄过后，他又开始抱怨："我们班里的那些好学生，父母有本事，家里有钱，给报各种补习班，所以就学习好啊……毕业了，人家有爸妈帮忙给找工作、买房子，我们家什么都指望不上……"

　　平心而论，小海本质上不是一个坏孩子。他从偏远山村来到繁华一些的小镇，明显感受到自己和小伙伴们的差距，各种各样的落差纷至沓来，难免心理失衡，进而自卑，就向爸妈哭闹。

这些情况并不罕见。倘若那时，他能得到来自大人的正确引导，而不是简单粗暴地对待，也许一切都会不同了吧？

回望童年，那些深深浅浅的失望仍然留在记忆深处。我们不得不接受人生的真相——没有统一的起跑线，有些人穷尽一生都到达不了罗马，而有些人天生就在罗马！

特别是，每当我们跨入一个新环境，总会发现有更多优秀的人在前面奔跑，远远地将我们抛在身后。但是当我们一天天长大，越来越多地审视生活本身，就会发现：埋怨命运不公，给自己找一个放弃的借口太容易了。

相反，在人生的跑道上，如果我们能勇敢一些，正视各种差距，然后积蓄能量向前奔跑，势必会收获一个更好的自己。

所以，抱抱曾经自卑的自己，告诉自己，任何时候都不要放弃，哪怕被别人抛在身后，依然可以选择追赶前面的背影，甚至学会他们优雅的走姿，走出属于自己的精彩！

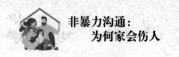

第5节　缺陷只是一种不一样

　　"完美"几乎是奢侈用语，"缺陷"才是真实的。看过《阿甘正传》的人都知道，每一个有缺陷的人都是被上帝咬过一口的"苹果"。

　　确实如此，世上没有绝对完美的东西。看上去皎洁无瑕的皓月，表面却坑坑洼洼；看上去光润透亮的美玉，其间却夹杂着瑕疵；昙花虽美，只是一现；玫瑰雍容华贵，花刺却让人疏远……没有完美，但却展尽自身价值，组成了色彩斑斓、生机盎然的自然。

　　小平是我的小学同学，这么多年依然记得初见他的情形。一天早读，班主任宣布班里转来一名同学，并简单做了介绍：小时候跟伙伴玩，不小心让玻璃刺伤了面部，希望大家对他多关照，坚决不能因此嘲笑他。

随即，在大家热烈的掌声中，小平深深低着头，畏畏缩缩地进了教室。尽管他耷拉着头，额前那绺突兀的长头发遮掩着脸上的长疤，我仍注意到了他那张有点儿狰狞的脸。

小平虽带有一点儿缺陷，但学习成绩很优秀，不过总是一副怯懦不堪样。学校举行任何需要抛头露面的活动，他一概拒绝。即使上课老师提问，他回答问题时也是耷拉着脑袋，声音瓮声瓮气的。

久而久之，老师也不再"为难"他，需要"露脸"的活动基本都会绕开他。鉴于老师的叮嘱，尽管同学们会私下议论，但在他面前从不提"伤疤""丑陋"等字眼。

也许是感受到了来自同学的友好、老师的尊重甚或些许袒护，小平的性格渐渐开朗起来。组内讨论，偶尔也能见他振振有词的激昂；课间嬉戏，有人在他身边绕来绕去，他也不那么强烈地抵触；跟他说点儿幽默风趣的话，不经意间竟能发现他长发覆盖下的脸庞泛出浅浅的笑意。

看来，大家的尊重与呵护，让自卑感十足的小平渐渐摆脱缺陷带给他的烦恼，开始慢慢融入这个温暖的集体。

谁知，这种人为的和谐，竟被一个外来者不经意间打破了。

活动课，大家活动了一会儿，返回座位开始写作业。

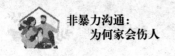
突然，一名男生风风火火地闯进教室，大声喊道："疤哥，你妈妈来了，在校门口！"大家都心照不宣地把目光投向了小平。

只见小平紧紧咬着嘴唇，右拳在裤缝边捏得"咯咯"响，上身剧烈抖动着。突然，他扑向门口，重重一拳砸在男生嘴上。"你有病呀，我好心叫你，你还打人……"男生莫名被打，气急败坏地喊道，而小平早已跑出教室了。

多年后回味这一幕，我对小平仍满含疼惜，苦心维护了那么久的自尊，就算虚无，也不该那么冒昧地被捅破吧！原来，自卑仍深深根植在他脆弱的心田，一句无心的称呼仍能引起轩然大波。

我以为小平一生都会深陷自卑的沼泽，直到多年后参加他的婚礼，我重新认识了他。

他头上不再顶着那绺盖过半边脸的头发，站在灯光璀璨的舞台中央，鬓角至脸蛋的伤疤依然那么刺眼，但怎么也掩藏不住他身上散发出的踌躇满志。

他高举着酒杯，微笑着向各位来宾示意，而舞台一侧，美丽的新娘正含情脉脉地看着他。

我情不自禁地举起双手为他鼓掌，这掌声不仅是新婚祝福，更是对他摆脱了自卑的深情祝愿。

宴罢，小平送我出门，他简短的几句话便驱散了我萦绕心头的疑惑："当年，看着不断消沉的我，母亲向我推荐了电影《阿甘正传》，影片中的阿甘让我深受触动，于是我开始正视缺陷，开始在阳光下奔跑。真是越努力越幸运，虽有这缺陷，但学业一路顺风顺水，这才有了如今这个崭新的自己。"

心态便是治愈小平的良药，有些缺陷既已成事实，与其痛苦挣扎、设法掩饰，不如坦然接受、弥补短板，这也算与缺陷和解吧？卸下重负，人才能活得更轻松。

缺角的月亮虽无耀眼的光辉，却同样可以把清辉洒满大地；清澈的溪流虽无容纳百川的胸怀，却同样可以让岸边的小花吐露芬芳。

生活中，难免存在种种劣势与缺陷，只有正视它们，用后天的努力去弥补缺陷这块短板，再卑微的草也能点缀一片大地。

京京六岁那年，一场大火毁了他的人生：原本清秀可爱的脸庞变得狰狞恐怖，几经手术才勉强分出五官，身上没有一寸完好的肌肤，手指、脚趾也不无憋屈地拧巴在一起。他不能像常人一样做自己喜欢的事，不能剧烈运动，走起路来也像鸭子般摇摇摆摆。

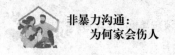

起初，不谙世事的京京只是感觉浑身都痛，他不知道这痛只是一种浅层次的痛，而旁人嘲讽带给他的痛，远远超过身体的任何一处。而且这种痛总是不期而至，打击得他手足无措。

小学一二年级时，不管他走到哪，小伙伴们都惊叫着跑开。自三年级起，全校师生几乎都认识他了，初见他的老师只片刻错愕，以后便习以为常。可同学们就不同了，女生对他躲之不及，男生送他"恐龙"外号。

每天来校，只要看见京京从校门口进来，教学楼护栏上便爬满了"看客"，有人笑他鸭子式的走姿，有人评论他凹凸不平的面部，有人揶揄："就这模样还出来显摆，干脆一头撞死算了！"

其实，京京何尝没想过死啊！

当他第一次在镜子里见到那个奇丑无比的自己时，便暴跳如雷地一拳打碎了镜子，那一刻他就想好了死法。可他心疼为他差点掏光家产、含辛茹苦的父母，尤其是对他百般讨好、为他四处奔波参加各种心理辅导的母亲。

京京举步维艰地跋涉在荆棘丛生的人生路上，所到之处少有人理解，讽刺嘲笑却比比皆是。或许有过同情、怜悯，可这点儿温暖都被刺得千疮百孔的心漏掉了。

随着年龄的增长，他体悟到的人间冷暖、心酸坎坷越多，心里的抑郁不平也越积越深。

初中毕业后，京京辍学了，便沉溺于网络——现实中他处处碰壁尝尽辛酸，虚拟世界里他可以叱咤风云。

他穿梭于各网络领域忙得不亦乐乎，专找年纪小、不谙世事的小姑娘，用自己在游戏中收获的财富请客、帮助她们闯关升级，很快就赢得众多粉丝的青睐，她们主动向他抛橄榄枝，央求线下见面。

起初，京京考虑到自己的形象一概拒绝，后来他按捺不住内心的欲望接招了。他精心安排了约会的时间、地点，第一次带着口罩的他斗胆拉了女孩的手，他快感膨胀。

几次下来，京京的胆子越来越大，拥抱、亲吻甚至……女孩在触摸到他那凹凸不平的肌肤时，惊叫着落荒而逃。于是，他便打起了游击战，这样的人生快意让他的道德步步沦丧。

直至京京东窗事发、银铛入狱，一头雾水的父母怎么也不能接受这个事实，可铁证面前谁也无能为力。

是谁毁了京京？六岁时的那场大火吗？旁人的冷嘲热讽吗？父母的溺爱放纵吗？或许都不是。

不可否认，有缺陷的人生固然荆棘丛生，但只要积极面对，不也会迎来一片光明吗？每个有缺陷的人都是被上

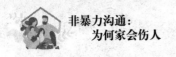

帝咬过一口的"苹果"，不妨把缺陷当作上帝玩的恶作剧，而疗伤、弥补缺陷、绝地反击却是自己的事。

生活确实是一面镜子，你笑，世界也会跟着你笑。

月有阴晴圆缺，时光还有四季之分，世上本无完美无缺，谁的人生都不可能圆满无憾。

培根说："身体有缺陷者往往有一种遭人轻蔑的自卑，但这种自卑也可以是一种奋勇向上的激励。"既然缺陷已成事实，那么，唯有超越才能成就精彩的人生。

第6节　握握手，那些年已经随风而逝

"当童年的狂想逐渐褪色的时候，我发现我除了天才的梦之外一无所有——所有的只是天才的乖僻缺点。世人原谅瓦格涅的疏狂，可是他们不会原谅我。"张爱玲曾这样写道。

难以想象，这么一位有惊世才华的作家竟是如此贬低

自己——重要的原因之一，恐怕就是她童年时受到缺失父母之爱的伤害，这份巨大的精神创伤让她一生想摆脱却总是不可能。

由此可见，童年伤害对一个人一生的影响有多大。

创伤固然会极大地影响我们，但它不是我们过得不幸的理由和借口，只要我们把每一次创伤当成一个成长的契机、历练的舞台，就一定能走出伤痛实现蜕变，赢得美好甚至创造美好。

上三年级时，叶子跟随父母离开乡下，转到城里的一所学校。那时，她干瘪瘦小，衣着土得掉渣，走在一群白裙粉衣的同学中间，可她并不觉得自己有什么不一样。

不久，因为性格活泼、嗓音甜美，她这只灰头土脸的丑小鸭还被老师指定为文娱委员。

那天，她第一次履行自己的职责，当她信心满满地站起来，迎着大家的目光开口唱：洁白的雪花飞满天……没想到刚唱出第一句，教室里立刻哄堂大笑，有些同学甚至拍起了桌子，还有几个男生怪异地捏着声音学唱。

这是怎么了？一时间，尴尬让她心慌意乱，手脚无处安放。

老师示意她坐下，也示意同学们安静。

　　老师开始说话，说了些什么，叶子一个字也没听进去，只是深深地低头坐着，耳朵嗡嗡作响——真希望地上有一道缝可以让自己钻下去，远离那些哄笑。

　　后来，有同学悄悄告诉她，大家笑是因为她的发音，"花"的声母是"H"，"飞"的声母是"F"。她觉得很奇怪，这么多年来，她周围的人都是这样说的，父母也是这样教的，并没觉得有什么不妥呀！

　　紧接着，她又跌入另一个困境：上数学课，她经常摸不着头脑，听着听着，魂就不知飞到了哪里。她极力想摆脱这种困境，可总是不得其法。

　　慢慢地，她发现，之前跟自己走得近的同学远离了她；体育课自由活动时间，无论她想参加哪一组的游戏，都会被同学婉拒或明确拒绝；下课想找同桌说话或问问题，对方总说自己很忙，或者干脆转过头找其他人说话。

　　就像一群人拥在一起做游戏，她被同学挤到最边缘的角落。那个角落里，只有她自己，灰暗、阴冷、孤独。

　　叶子跟妈妈闹，说不想去上学。妈妈听完叶子的哭诉后，对叶子说，以后咱们两个人重新学。妈妈说到做到，很快找来新华字典，每天跟叶子坐在一起，翻到声母"H"和"F"，一个字一个词地朗读、默读、对话、造句。

　　过了一段时间，叶子发现这样的办法居然有效果，遇到那两个声母的字时，只要她稍微停顿一下，就可以改变以前的发音习惯。至于数学，妈妈天天陪着她做题，做着做着，她觉得那些题好像不再是一连串的蝌蚪在水里摆着尾巴游玩。

许是叶子的努力改变而感动了同学，当她不够流畅地跟同学说话，她们也会耐心地听完；当她的一篇豆腐块作文第一次作为范文朗读时，有同学投来欣赏的目光……

后来，初中、高中时，叶子参加朗诵节目，参加演讲比赛。再后来，她上大学念中文系，普通话证书是一级乙等，然后成为优秀的语文老师……

童年那一段晦涩难捱的时光，逐渐褪色，逐渐淡去。那些曾经嘲笑过她发音的伙伴，那些曾经把她挤到角落的同学，都到了哪里？她不知道。

她只知道，靠着一股拼劲，她找回了自己。

童年时，那一段躲藏在角落里孤独舔舐伤口的岁月，那一段在众人冷眼旁观中苦熬苦撑的岁月，那一段被别人远远甩在后面踽踽独行的岁月，叶子是如何艰难挺过来的呢？

除了妈妈的陪伴与安慰，还有她自己想要走出困境的本心。她用每一天的行动改变自己的窘迫，就像一株狗尾

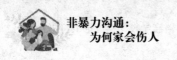

草长在极不起眼的角落，历经风霜雨雪，最终还是开了花。

康敏是后院边角康家的独生女，她爸妈老实巴交的，也没什么文化，尽管一直苦干还是摆脱不了贫困。"穷"，可以说是贴在她家门楣上的标签。

他们的家是从邻居那里买来的土房子，买的时候人家就已经住了十多年。直到今天，他们还住那个小院，仍旧是剥落的土墙、泛白的青瓦、参差破落的屋檐。

康敏长得又矮又瘦，极不爱说话，有一只眼睛向右下角斜垂一点儿，所以她看人时总是一只眼睛高、一只眼睛低，闪烁不定的眼神里总带着不安和怯懦。

前后院都属大杂院，最不缺的就是孩子，整天跳绳、踢毽子、滚铁环、放风筝、藏猫猫……可劲地玩，放肆地耍。

踢毽子一般是分成两组人进行比赛，一人踢到毽子落地就换人接着踢，在规定时间内，组内队员最先踢完、踢的次数最多的就算赢家。

不知是不是因为眼睛的原因，康敏总是踢不了几下毽子就落地。她这样总拖后腿，自然成了大家嫌弃的对象，哪个组都不要她。

大家玩藏猫猫的游戏，从这家钻到那家，从院子这头藏到后院那头。康敏如果参加，一定是找人的那个。她从这里奔到那里，睁大眼睛搜索总是无果，就只能茫然无措地站在院子一角，一副要哭不哭的模样。

上小学后，康敏渐渐意识到她家跟别人家不太一样，大家也并不真心喜欢她，她也就慢慢从一群孩子中退了出来。下课后，她就守在自己的座位上，默默地看书或做题；放学后，她总是一个人走，夕阳把她小小的影子拖得很长，很长。

周末，她就独自待在家里，做作业，扫地，择菜。她成了一道沉默的影子。

听说高中时，康敏很认真刻苦，成绩一度不错，但她还是沉默着。因为自卑寡言，也不擅长跟老师和同学沟通，同学们就经常捉弄她，内向胆小的她一直选择隐忍。

有一天回家，她再也不去学校，睡在家里不吃不喝，痴痴傻傻。送去医院，诊断结果是重度抑郁加精神分裂。

十多年过去了，现在的她还是那般痴痴傻傻，呆呆愣愣。大多时候，她都待在自己的卧室里，偶尔会跟在妈妈身后到院子一角走走，不哭，不闹，不说，不笑。

一个在童年里就孤独受伤的人，要克服多少的恐惧和软弱，要绕过多少的暗滩和旋涡，要穿越多少的黑暗和荆

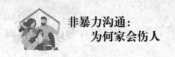
棘，才能有勇气去唤醒自己、去面对自己？

康敏的悲剧，就在于她从童年起就没能勇敢地站立起来，同学的挤对和忽视，伙伴的欺负和轻慢，让她在孤独的世界里越发郁闷。

有人说：往事如烟，随风飘散。

每个人都会有自己的过去，有伤痛并不可怕，因为伤痛带来伤害的同时，也会带来更强的修复能力。

面对同伴的嗤笑与排挤，面对他人的傲慢与偏见，逃离不是办法，回避也解决不了问题。你要做的，就是打开心门、放宽胸怀，不听天由命、不任其摆布。

最终，你一定能战胜童年梦魇，迎来自己的高光时刻。